플라톤의 예술노트

인문학 간편 읽기

플라톤의 예술노트

박정자 편저

📖 인문서재

플라톤 원전의 테마별 발췌

플라톤의 방대한 저작 중에서 우리는 예술 부분에만 관심을 집중시켜 『플라톤의 예술노트』와 『플라톤의 몸 이야기』라는 두 권의 책으로 엮었다.

그의 예술 이론은 『국가』 10권에 수록되어 있다. 미메시스 이론의 원형인 침대 이야기가 여기서 나온다. 세상에는 침대의 이데아, 목수가 만든 침대, 그리고 화가가 그린 침대 등 세 종류의 침대가 있다. 목수는 침대의 이데아를 모방하여 침대를 만들고, 화가는 다시 목수가 만든 침대를 모방하여 그림을 그린다. 따라서 화가의 침대 그림은 모방의 모방이고, 실재에서 세 단계 떨어진 모사품이다. 모방적인 예술이 아무런 가치가 없다는 것을 증명하기 위해 플라톤은 이 우화를 예로 들었다.

그러나 플라톤의 이데아 사상을 모르는 독자라면 이 우화의 이해가 쉽지 않다. 목수가 만든 침대는 엄연히 실재인데, 그것을 재현한 그림이 실재에서 세 단계 떨어진 모사품이라는 말이 도저히 수긍되지 않기 때문이다. 『국가』 6권과

7권을 읽으면 그 궁금증이 풀린다. 플라톤은 이데아 사상을 쉽게 설명하기 위해『국가』6권에서는 선분(線分)의 도표를, 7권에서는 그 유명한 동굴의 우화를 펼쳐 놓는다.『국가』2권과 3권에는 요즘의 연기(演技)와 내레이션에 해당하는 미메시스와 디에제시스의 설명이 들어 있다. 내러티브 이론을 이해하는데 매우 유용하다.

『플라톤의 예술노트』는 독자의 접근성과 용이성을 고려해『국가』10권을 제일 먼저, 7권, 6권을 다음에, 그리고 2, 3권을 제일 마지막으로 역순(逆順) 배치하여, 그 중에서 예술 관련 부분만 발췌해 엮었다.

플라톤이 몸에 대한 자신의 생각을 분명하게 표현하고 있는 것은『파이돈』에서이다. 우선 인간의 육체는 썩어 없어지는 것이어서 영원한 가치가 없다. 살아 있는 동안에는 온갖 욕구와 탐욕으로 순수한 영혼의 참된 인식작용을 방해한다. 참된 인식은 사유 속에서만 가능한 것인데, 사유는 고통이나 쾌락이 정신을 괴롭히지 않을 때 최적의 상태를 유지한다. 그러므로 지고지선의 이데아의 세계에 도달하기 위해서는 육체를 가능한 한 멀리 해야만 한다. 이것이 몸에 대한 플라톤의 기본적인 생각이다. 이처럼 몸을 악으로 규정하는 그의 영혼불사론이 나중에 몸을 극도로 죄악시하는 중세 기독교의 고행 사상으로 이어졌을 것이다.

그러나 『향연』에서는 아름다운 에로스를 예찬하고, 소년애(少年愛)를 찬미하며, 자웅동체 우화를 통해 사랑의 기원을 추적한다. 얼핏 보기에 『파이돈』의 금욕적인 주장과는 정반대의 논의인 듯하다. 『파이돈』에서는 육체의 쇠사슬에서 영혼이 해탈되어야 참된 정화(淨化)가 이루어진다고 말하고 있기 때문이다. 하지만 몸을 경멸하는 것도 역시 몸에 대한 담론임에는 틀림이 없다. 비록 이데아의 세계로 올라가는 사다리의 역할이지만 『향연』에서 몸은 가장 중요한 대상이다. 그래서 우리는 금욕적인 『파이돈』과 감각적인 『향연』을 한 데 묶어 『플라톤의 몸 이야기』라는 도발적인 제목으로 재편집해 보았다.

번역판으로는 『플라톤의 국가 - 정체』 (박종현 역주)와 『플라톤의 대화』 (최명관 옮김)를 참고했고, 원서로는 The Republic (Desmond Lee 번역, Penguin Classics)과 Dialogues of Plato (J.D. Kaplan 편집, Washington Square Press)를 참고로 했다. 한국어 번역서의 예스러운 대화체는 그대로 따랐으나 내용 부분에서는 많은 것을 바로잡고 수정하고 첨삭하였다. 독자의 이해를 돕기 위해 약간의 의역을 감행하기도 했고, 중요한 단어나 문장들은 괄호 안에 영어를 표기하였다.

박정자

목 차

오늘 우리는 왜 플라톤을 읽어야 할까?

오늘 우리는 왜 플라톤을 읽어야 할까? 고전이기 때문에? 플라톤은 물론 서양 철학의 기원이다. 영혼과 육체의 이원론을 주장함으로써 서구 관념철학을 창시했고, 3세기의 신플라톤주의에서 18세기의 헤겔을 거쳐 우리 시대의 탈근대 철학에 이르기까지 모든 서양 철학에 영향을 미쳤다. 그러나 고전이어서 읽어야 한다고 하면 갑자기 흥미가 사라진다. 군이 철학 책을 읽어야 할 필요성을 느끼지 않는 보통 사람들은 생생한 현재에 관심이 있지, 죽어 있는 과거에는 별 관심이 없기 때문이다.

우리가 지금 플라톤을 읽어야 하는 이유는 그의 사상이 2천4백 여 년 전의 케케묵은 철학이 아니라 우리 시대를 해석하는 핵심적인 개념들이기 때문이다. 예를 들어 본질과 그것의 모방인 현상을 이원론적으로 다루고 있는 이데아 사상은 오늘날 오리지널과 카피라는 형식으로 전환되어 디지털 시대의 가상현실을 해석하는 유용한 도구가 되고 있다. 그가 예술을 비판하며 사용했던 복제의 복제라는 말도 현대의 시뮬라크르 이론이 되어 팝아트나 포스트모던 예술비평의 근거가 되었다. 그는 이데아—현상—예술의 3항 구도에서 시가(詩歌)와 회화 등의 예술작품들은 이데아를 복제한 복제품을 또 복제한 것이므로 진리에서 세 번째 떨어진 하찮은 모방품이라고 폄하하였다.

보드리야르나 일부 SF 작가 혹은 영화감독들은 이미지가 지배하는 디지털 테크놀로지 시대의 가상현실을 매우 불길한 것으로 바라보며 시뮬라크르적 현상을 주목하고 있다. 한편 들뢰즈와 데리다 등 포스트구조주의 철학자들은 시뮬라크르의 권리 회복을 강력하게 주장하며, 반—플라토니즘의 기치를 높이 쳐들었다. 그들은 이미지를 폄하하고 원본만을 중시하는 플라톤의 사상을 극복하는 것이야말로 서구 철학이 전통적 형이상학에서 벗어나는 유일한 길이라고 주장한다.

이처럼 플라톤의 사상은 알게 모르게 우리의 일상생활 속에 깊이 녹아들어 우리의 정신을 지배하고 있다. 가히 현대 인문학의 원형이라 할만하다. 포지티브한 의미로도 그렇고, 네가티브한 의미로도 그렇다. 플라토니즘을 계승하거나 부정하거나를 막론하고 플라톤의 사상을 모르고는 현대 정신의 깊은 흐름을 이해할 수 없다. 뒤집어 말하면 플라톤의 기본 이념을 이해하는 것만으로 현대 인문학의 절반을 이해했다고 해도 과언이 아니다.

철학만이 아니다. 현대 사회에서 첨예한 논쟁의 대상이 되고 있는 동성애 문제만 해도 플라톤이 이미 토론과 정리를 끝내 놓은 상태이다. 물론 현대의 동성애 문제는 성소수자의 선택의 문제이고, 플라톤의 논의는 이데아의 세계를 향한 예지의 문제라는 점이 다르기는 하지만 말이다.

플라톤과 동성애

완전성에 대한 동경과 갈망이 문학의 원천이라고 흔히들 이야기한다. 원래 완전한 존재였던 인간이 언제부터인가 단편적이고 파편화 되어 그 결핍된 부분을 그리워하게 되었는데, 이 동경과 그리움이 인간의 원초적 슬픔이라는 것이다. 놀랍게도 우리는 플라톤의 『향연』에서 이 결핍 사상의 원형을 발견한다. 플라톤의 우화 중에서 아마도 가장 대중적인, 너무나 대중적이어서 이것이 플라톤의 이야기인 줄 모르는 사람이 태반인, 그런 우화가 하나 있다. 태초에 인간은 원래 남,녀 성이 한데 붙어있었다는, 자웅동체(雌雄同體)설이 바로 그것이다. 『향연』의 한 대화자인 아리스토파네스는 자신의 반쪽을 찾는 것이 사랑의 기원이라고 하면서 다음과 같은 전설을 들려준다.

인간에게 지금은 남성과 여성의 두 가지 성(性)만 있지만 처음에는 세 가지 성(性)이 있었다. 즉 남성, 여성 그리고 이 둘을 다 가지고 있던 제 3의 성이다. 이 제 3의 성이 자웅동체(雌雄同體, androgyny)이다. 이들은 등과 옆구리가 불룩하여 전체적으로 공같이 둥근 구형(球形)이었다. 팔이 넷, 다리가 넷, 둥근 목 위에 머리는 하나, 거기에 똑같이 생긴 얼굴이 반대 방향으로 둘 있었다. 귀가 넷, 음부가 둘이었다. 남성은 태양에서 태어났고, 여성은 대지에서 그리고 남, 여성은 달에서 태어났다. 그들은 기운이 넘치고 야심이 담대하여 신들을 마구 공격했다.

제우스가 신들을 불러 모아 회의를 했다. 거인들에게 했던 것처럼 번갯불로 인류를 전멸시킬 수도 있지만, 그렇게 하면 인류가 자기들에게 바치던 예배와 희생제물을 받을 수가 없게 된다. 인간을 그대로 생존하게 하면서 그들을 지금보다 약하게 만들 수 없을까? 모든 사람을 두 쪽으로 쪼개면 사람 수는 많아지고 힘은 약화될 것이 아닌가.

그래서 마가목 열매의 피클을 만들 때 그것을 두 조각으로 쪼개듯, 혹은 잘 삶은 달걀을 머리카락으로 자르듯, 사람들을 정확히 절반으로 잘라 두 조각으로 만들었다. 그리고 마치 우리의 복주머니처럼 살가죽을 잡아 당겨 배 부분에 매듭을 지었다. 이것이 바로 배꼽이다.

본래의 몸이 갈라졌을 때 그 반쪽은 각각 다른 반쪽을 그리워하고, 반쪽을 찾아 헤매었으며, 찾으면 끌어안았다. 이 때 본래 여자였던 사람은 여자를, 본래 남자였던 사람은 남자를, 본래 남,여성이었던 사람은 서로 이성을 찾았다. 현대 사회에서 첨예한 논쟁의 대상으로 떠오른 동성애를 정당화하는 것으로 여겨질 수도 있겠다.

결국 인간이 사랑하는 이와 하나가 되고, 두 몸이 한 몸으로 되고 싶어 하는 것은 온전했던 옛 모습으로 돌아가고자 하는 회귀본능이라는 것이다. 여기서 우리는 사랑학의 원류를 발견한다. 즉 온전한 것에 대한 욕망과 그것에 대한 추구가 바로 에로스라는 것이다.

이 이론은 라캉의 욕망 이론을 떠받쳐 주는 근거가 되기도 한다.

플라톤과 라캉

라캉(Jacques Lacan, 1901–1981)이라는 프랑스의 정신분석학자가 있다. 프로이트를 구조주의적으로 재해석해 현대 정신분석과 철학에 큰 기여를 한 학자다. 1953년에서부터 1981년까지 해마다 열었던 세미나 강의를 통해 1960년대와 1970년대의 프랑스 지식인들, 특히 후기구조주의 철학자들에게 큰 영향을 미쳤다. 그의 사상은 비판이론, 문학평론, 철학, 사회학, 여성학 등에 중요한 틀을 제공하고 있다. 요즘에는 슬라보예 지젝의 해석을 통해 문화이론과 영화비평에서 새롭게 조명 되고 있다.

현대인들이 라캉에 매료되었던 것은 그의 욕망 이론 때문이다. 오늘날 신문의 문화면 기사에서, 평론가들의 글에서, 인문학적인 에세이에서 우리가 가장 많이 접하는 단어 중의 하나는 욕망이다. 욕망은 라캉의 중심 개념이다. 욕망이란 무엇일까?

라캉은 우리가 뭔가를 바라는 상태를 욕구(필요, need), 요구(demand), 욕망(desire)이라는 세 가지 항으로 나눈다.

욕구는 생리적, 생물학적인 것으로 충족 가능한 것이다. 예컨대 갈증과 식욕 같은 것이어서 목이 마르면 물을 마시고, 배가 고프면 밥을 먹으면 된다.

그런데 요구는 대상이 주어진다 해도 만족이 없다. 왜냐하면 실은 그 대상이 아니라 대상 너머의 다른 것을 원하고 있기 때문이다. 예컨대 아이가 "엄마, 물 줘!"라고 했을 때 그 아이의 요구는 물만으로는 충족이 되지 않는다. 아이가 정말로 원하는 것은 물이 아니라 사실은 엄마의 사랑이기 때문이다. 요구는 궁극적으로 사랑에 대한 요구이다. 그리고 그것은 언어적 표현이다. 타자에게 요구하는 것은 사물이 아니라 사랑이다. 그러나 사랑을 증명한다는 것은 불가능하다. 따라서 요구는 원천적으로 충족이 불가능한 채 나선형의 모습을 띠며 한 없이 계속된다. 요구를 통해 욕구가 분명하게 채워져도 주체가 여전히 결핍을 느끼는 것은 바로 이 때문이다.

세 번째로 가장 중요한 것이 욕망이다. 현대 사회의 중심적인 화두로 떠오른 욕망은 생리적 욕구와도 다르고, 사랑의 요구와도 다르다. 요구가 어느 대상에 대한 요구라면 욕망은 어떠한 대상도 가지고 있지 않다. 아무런 특정의 대상이 없다는 점에서 욕망의 대상은 결핍(lack)이다. 즉 욕망의 대상은 아무것도 없음, 무(無)이다. 따라서 욕망은 결코 만족을 모르고, 결코 채워질 수 없다. 대상이 없는데 무엇으로 채우겠는가?

욕망은 욕구와 요구가 분리되는 지점에서 모습을 드러낸다. 욕구는 객관적 결핍이었고, 요구는 언어적 표현이었다. 그런데 욕망은 그 둘 사이에 자리 잡고 있다. 욕망은 만족을 얻기 위한 욕구도 아니고, 사랑을 얻기 위한 요구도 아니다. 그것은 요구에서 욕구를 뺀 그 나머지다. 욕구와 요구 사이의 차이(difference), 또는 마진(margin) 속에서 욕망의 모습이 드러난다. 슬라보예 지젝은 "욕망의 존재이유는 욕망을 충족시키는 것이 아니라 스스로 욕망을 재생산하는 것"이라고 말했다. 욕망은 대상과의 관계가 아니라 결핍(lack)과의 관계이기 때문이다.

그럼 인간에게는 왜 이런 절망적인 욕망이 있을까? 인간은 결핍에서 태어났기 때문이라고 라캉은 말한다. 플라톤은 인간의 결핍을 자웅동체설의 기원에서 찾았지만, 라캉은 어머니와의 분리를 인간의 원초적 결핍으로 상정한다. 자궁 안에서 어머니와 행복하게 결합되어 있던 최초의 완전한 순간에서 분리되는 출산의 순간부터 인간은 결핍을 느끼고 그것의 충족을 절망적으로 원하게 된다. 인간은 평생 그

최초의 완전한 순간을 꿈꾸지만 그러나 그것은 결코 실현될 수 없는 헛된 꿈이다. 이것이 라캉의 욕망의 정체이다.

욕망의 대상은 결핍이고, 따라서 욕망은 결코 충족될 수 없다는 이야기는 비극적이고도 충격적이다. 가지고 싶던 명품가방을 사도, 그토록 바라던 대학에 입학해도 어쩐지 허전한 마음이 남는 이유를 알지 못했던 우리들, 원하던 아기를 낳고 나서 겪는 산후 우울증, 원하던 직위에 오른 후 느끼는 승진 우울증을 의아하게 생각했던 현대인들은 라캉의 욕망 이론에서 그것이 인간의 본질임을 씁쓸하게 깨닫는다.

그런데 욕망의 대상이 결핍이라는 그 도발적인 이야기가 실은 플라톤의 『향연』에 이미 나와 있다는 것에 우리는 놀라게 된다. 『향연』에서 에로스를 정의하는 대목은 마치 라캉을 예고하기라도 하는 듯하다. 현대인을 사로잡은 가장 최신의 욕망이론이 결국 플라톤에서 시작되었다는 사실에 우리의 관심은 생동감을 띄기 시작한다.

플라톤과 시뮬라크르

컴퓨터의 가상현실이 예술의 중요 요소로 등장하면서 가

장 많이 쓰이게 된 단어가 원본(original)과 복제(copy)이다. 앤디 워홀이 마릴린 먼로의 얼굴 사진을 색색으로 복제하여 고가의 작품을 만들어낸 이후 더 이상 오리지널과 카피의 관계는 단순히 진품과 가짜의 관계가 아니다. 실제의 사물이 원본이고 그 사물의 이미지가 복제여서, 과거에는 실재만이 중요하고 이미지는 별로 중요하지 않았다. 그러나 오늘날 이미지는 실재를 완전히 능가하는 새로운 가치, 새로운 힘으로 등극했다. 한 연예인의 실체가 어떠한지는 전혀 중요하지 않다. 인기라는 엄청난 힘을 만드는 것은 그의 이미지일 뿐이다. 프랑스의 사회학자 장 보드리야르는 이미지가 실재를 죽인다고까지 말한다. 이미지는 실재의 모방이 아니라 실재보다 더한 실재, 즉 하이퍼리얼(hyperreal)이 되었다는 것이다.

이미지란 무엇인가? 그것은 상(像)이다. 거울이나 유리에 비친 영상, 물에 반사된 그림자, 실제의 물건을 종이 위에 그대로 그려 넣은 그림, 사진기로 찍은 사진, 이 모든 것이 이미지다. 머릿속에 떠오르는 심상(心像), 그것도 이미지다. '다채로운 시적 이미지'라고 할 때, 그것은 시의 단어들이 우리 머릿속에 만들어내는 여러 가지 그림들을 말한다. 내가 거울을 바라볼 때 나 자신은 실재(實在)인데 거울 속의 영상인 내 모습은 이미지다. 그것은 실재인 나의 얼굴을 모방, 복제, 재현한 그림자, 영상, 즉 이미지다.

실재인 마릴린 먼로의 얼굴을 카메라로 찍은 사진은 마릴린 먼로라는 실재를 복제한 이미지다. 그런데 앤디 워홀은 이 이미지를 다시 실크 스크린으로 복제하여 초록, 빨강, 분홍...등등의 마릴린 먼로를 만들어냈다. 이미지의 이미지, 즉 카피의 카피인 것이다. 이것이 바로 시뮬라크르다. 시뮬라크르는 원본에서 세 번째 떨어져 있는 이미지를 일컫는 말이다.

실재-이미지-이미지의 이미지, 또는 원본-사본-사본(寫本)의 사본, 이런 삼항(三項) 관계의 원형을 우리는 플라톤의 이데아 사상에서 발견한다. 이 세 단계 중에서 플라톤은 물론 실재를 가장 가치 있는 것으로, 그것의 그림자인 이미지는 두 번째 가치 있는 것으로, 그리고 그림자의 그림자인 세 번째 단계는 아무런 가치가 없는 것으로 치부한다. 모든 시문학과 미술이 이 세 번째 단계의 모방 행위이다. 그래서 플라톤은 국가에서 시인(요즘의 예술가 일반)을 추방해야 된다고 말했다. 이 모방의 결과물들은 가치가 없을 뿐만 아니라, 진짜인 양 사람들을 현혹시키므로 위험하기까지 하다는 것이다.

이미지란 원본인 실재를 아주 비슷하게 모방한 것이다. 거울 속 내 이미지는 실재인 나와 아주 비슷하다. 비슷함이란 모방이다. 그래서 플라톤은 원본과 닮아지려는 두 번째 단계와 세 번째 단계의 행위를 모방이라고 말한다. '모방'의 희랍어 표기는 미메시스(mimesis)이다.

대상을 사실적으로 묘사하는 전통 회화와, 현실을 사실적으로 기술하는 사실주의 문학은 모두 이 미메시스를 원칙으로 하고 있다. 희랍어 미메시스는 영어로는 representation(재현)이다. 그러므로 르네상스 이후 4백년간 서구의 전통 미술과 근대 이후의 모든 사실주의적 문학의 창작 원리는 다름 아닌 미메시스 즉 재현이었다. 이 그림과 소설들은 모두 현실 속의 실재를 가장 사실에 근접하게 모방하려 애썼다. 그러나 20세기의 모더니즘과 함께 재현은 붕괴되었고, 이제 예술은 더 이상 대상을 그대로 모방하거나, 현실을 있는 그대로 재현하지 않게 되었다.

예술사의 전환기를 규정짓는 이 중요한 개념, 즉 '재현'이라는 개념이 플라톤에서 유래했다는 것이 흥미롭지 않은가? 물론 플라톤에게서 실재(원본)는 관념의 하늘 속에 있는 영원불변의 본질, 즉 이데아를 뜻하는 것이고, 두 번째 단계의 모방(재현)은 이데아의 본질에 가장 가까운 복제

(copy)로, 장인(匠人)이 만들어내는 구체적인 물건들이며, 세 번째가 복제의 복제 즉 시뮬라크르다. 예술은 이 세 번째 단계의 미메시스(재현)이다. 그러나 우리 현대인은 그 삼항(三項) 구도를 한 단계씩 내려, 실재를 현실 속의 대상으로, 두 번째 단계의 모방을 사진, 회화, 영화 등의 이미지물로, 세 번째 단계의 모방은 이 이미지들을 다시 모방한 시뮬라크르로 상정하는 것이다.

한편 들뢰즈는 플라토니즘을 전복(顚覆)해야만 서양 철학을 형이상학에서 벗어나게 할 수 있다고 주장한다. 당연히 그는 시뮬라크르를 아주 긍정적으로 본다. 그는 시뮬라크르야 말로 창조적 실재를 생산하는 힘을 갖고 있다고 말한다. 시뮬라크르는 두 번 옮겨온 사본이 아니라 그 자체가 다른 성질을 가진 현상이라는 것이다. 그리고 이것이 사본과 모델 사이의 구분을 무력화시킨다고 말한다. 사본은 제 아무리 많이 이동했다 하더라도 원본에 대한 내적 유사성의 유무에 따라 가치가 결정된다. 그러나 사본과 모델이라는 이항 대립을 아예 부정해 버리면 모든 사본들은 각기 그 자체의 기능과 힘과 의미를 지니게 되는 것이다.

데리다도 플라톤의 기본 사상인 동일성과 유사성의 위계 질서가 서구의 로고스 중심주의를 낳았고, 그것이 전체주의 사상으로까지 이어질 수 있다고 플라토니즘을 매우 경계하였다.

플라톤과 소크라테스

우리가 알다시피 희랍의 철학자 소크라테스는 글을 쓰지 않았다. 그는 변증술적(dialectic) 대화를 통해 제자들을 가르쳤을 뿐 그것을 글로 쓰지는 않았다. 그런데도 우리가 소크라테스를 세계 3대 성인으로 기리고 그의 철학이나 행적을 잘 알고 있는 것은 수많은 저서를 통해 그것을 후세에 전달한 플라톤 덕분이다. 플라톤의 거의 모든 저서는 소크라테스와 제자들의 대화를 전달하는 방식으로 되어 있다. 그러므로 우리가 '플라톤의 사상'이라고 말할 때, 그것은 엄밀히 말해서 소크라테스의 사상인 것이다.

소크라테스(B.C. 470~399)가 독약을 마시고 죽은 것은 플라톤(B.C. 427~347)이 28세 되던 해였다. 둘이 만난 적이 있었다 하더라도, 불과 20대 시절에 잠깐 만난 철학자의 전 사상과 행적을 충실하게 전달한다는 것은 불가능한 일이다. 그러므로 플라톤의 저서들은, 비록 소크라테스의 대화를 그대로 옮기는 방식이지만, 실상 플라톤 자신의 철학이라고 보아야 한다. "소크라테스는 이렇게 말했네"라는 대화체로 쓰여진 온갖 사상을 우리가 플라톤의 사상이라고 말하는 이유가 거기에 있다. 짐작컨대 아이디어 자체는 소크라테스의 것이고, 변증술적 방법도 소크라테스의 것이지만 다채로운 비유와 우화를 덧입혀 거기에 정교한 논리의 틀을 부여한 것은 플라톤이었을 것이다. 플라톤의 마지막이며 가장 긴 저서인 『법률』(Law)에 이르러서야 소크라테스의 이름이 사라지고 익명의 아테네인이 등장한다. 이때 비로소 플라톤은 소크라테스라는 페르소나를 벗어던지고 자신의 맨 얼굴로 자신의 철학을 펼쳐 보인 것이다.

정치적 격변기였던 아테네에서 정치 지망생이었던 플라톤은 죄 없는 소크라테스가 처형되는 것을 보고 정치에 환멸을 느낀다. 그리고 철학으로 방향 전환을 하여, 철학자가 정치를 담당할 때만 정의로운 정치가 구현된다는 신념을 갖게 된다. 이것이 소위 플라톤의 철인(哲人) 정치가론이다. 플라톤은 철인 정치가를 양성하기 위해 40세 무렵(B.C. 387년 경) 아테네에서 아카데미를 열었다. 나라의 근본적인 개혁을 위해서는 참된 지식인을 집단적으로 양성하는 것이 중요하다는 생각에서였다.

회화에 관심이 있는 사람이라면 라파엘로의 그림 〈아테

네 학당〉을 기억할 것이다. 전설적 영웅 아카데무스에서 이름을 딴 아카데미아(Akademia)는 서양 역사상 최초의 대학이며, 또 학술기관으로서의 아카데미라는 단어의 효시이기도 하다. 아리스토텔레스도 17세 때 이 학당에 들어와 20여 년간 머무르며 학문 연구와 저술 활동을 했다. 소크라테스–플라톤–아리스토텔레스로 이어지는 고대 희랍의 3대 철학자의 계보는 이렇게 이루어졌다.

플라톤의 이데아 사상

존재에는 두 가지가 있다. 우리 눈에 보이는 가시적 존재와 우리 눈에 보이지는 않지만 우리 머릿속에 있는 비가시적 존재가 그것이다. 흔히 우리는 눈에 보이는 가시적 존재를 실재(實在, real)라고 생각하고, 눈에 보이지 않는 것은 가상 혹은 이미지라고 생각한다. 여하튼 비실재라고 생각한다. 보통 사람들은 이처럼 눈에 보이고, 귀에 들리며, 손으로 만져지는 것들이 곧 실재라는 것을 아무런 의심 없이 받아들인다. 그러나 플라톤은 이와 같은 우리의 상식을 보기 좋게 배반한다. 시각, 청각, 촉각 등 감각들을 통해 지각되어 우리가 추호의 의심도 없이 실재라고 생각하는 것들을 그는 한 마디로 에이돌론(eidolon)이라고 말한다. 고대 희랍어의 에이돌론은 현대어로 그림자(shadow)를 뜻한다. 우리는 그림자 속에서 살고 있다는 것이다.

그림자란 실제로 존재하는 어떤 것이 반사되어 실재와 똑같은 모습을 보이는 허상을 말한다. 수면에 비친 산(山) 그림자, 거울에 비친 내 얼굴의 상(像)이 모두 그림자다. 거울 속의 얼굴 모습이 아무리 실제의 내 모습과 똑같다 해도 그것은 어디까지나 아말감을 칠한 유리에 불과하다. 뒤의 아말감만 벗겨 내면 내 얼굴은 흔적도 없이 사라진다. 초상화가 제아무리 사실적이어서 아름다운 공주의 살결이 만져질 듯해도 그것은 얇은 캔버스에 불과하다.

플라톤이 말하는 그림자는 요즘 말로 하면 이미지 또는 영상(影像, 映像)이다. 겉모습만 있을 뿐 실체가 없다는 점에서 가상(假象, appearance)이고, 오로지 지각의 대상일 뿐이라는 점에서는 현상(現象, phenomenon)이다.

그런데 플라톤은 이렇게 수면에 비친 그림자나 거울 상 또는 회화의 이미지만이 아니라 우리 눈에 보이고 우리 손에 만져지는 모든 대상들, 즉 우리가 실재라고 믿고 있는 현실 속의 세계를 전부 현상계라고 말한다. 여기서부터 플라톤이 어려워진다. 아니 엄연히 내 앞의 이 책상이 내 눈에 보이고, 내 손에 만져지는데 어떻게 이것이 가상이란 말인가?

그러나 사실 지향점이 다르기는 해도 동양의 노장(老莊) 사상, 불교, 기독교 등의 종교들이 모두 우리의 현실을 한갓 가상으로 보고 있음을 우리는 잘 알고 있다. 그러니 플라톤의 사상이 특별히 어렵다고 할 수도 없다. 하여튼 플라톤은 우리의 현실이 실재가 아니라 현상, 즉 그림자에 불과하다고 말한다. 그런데 허상의 그림자가 있으려면 반드시 그 모델이 되는 실재가 있어야 한다. 우리를 둘러싼 이 세계가 오로지 그림자 세상이라면 이 그림자를 반사시켜 주고 있는 실재가 어딘가에 있을 것이다. 이것이 바로 이데아이다.

내 눈 앞에 보이는 책상은 현상계 속의 대상이고, 그것의 모델인 실재는 이데아의 세계 속에 있다. 현상계 속의 책상은 집집마다 학교마다 무수하게 많이 있다. 그러나 이 무수한 책상들이 모델로 삼고 있는 책상의 이데아는 단 하나다. 그러므로 이데아의 특징은 '하나'요, 현상의 특징은 '다수(多數)'다. 또 현상의 특징은 '변화'이지만 이데아 특징은 '불변'이다. 경험 세계 속의 책상은 세월이 흐름에 따라 낡고 파손되어 언제가 없어지지만, 이데아의 하늘 속에 단 하나 있는 책상의 이데아는 시간의 영향을 받지 않고 영원히 존재하며 손톱만큼의 변화도 없다.

우리 인간이나 살아 있는 모든 생명이 그러하듯이 현상계는 생성(becoming)과 사멸(死滅, mortal)이 특징이다. 현상계 속의 모든 것은 태어나고 성장하며, 시시각각 변화하여 결국 죽어 없어진다. 그러나 이데아의 세계는 태어남도 없고 죽음도 없으며 늘어나거나 줄어드는 일도 없이 모든 생성과 변화에서 초월해 있다. 현상계의 물건들은 합성되어 있거나 혼성의 것이어서, 언제고 분해되는 성질을 갖고 있다. 휴대폰이 땅바닥에 떨어지면 부품들이 분리되는 것과 마찬가지다. 합성된 것은 항상 변화하며 절대로 동일하게 있지 않는다. 그러나 이데아는 합성되어 있지 않다. 합성되지 않았으므로 그것은 분해될 수 없고, 변화하지 않으며, 항상 동일하게 남아있다.

구체적 사물만이 아니라 관념이나 본질도 마찬가지다. 예컨대 '같음', '아름다움' 등등의 본질들은 때에 따라 변화하는 것이 아니다. 그것은 어느 방식, 어느 때를 막론하고 달라지지 않으며, 언제나 그대로 있고, 불변의 모습이고, 독자적으로 존재한다. 그러나 '아름답다'는 말을 듣는 모든 개별적인 것들은 불변의 상태로 언제나 동일하게 있는 것이 아니다. 그것은 변화무쌍하여 그대로 있는 법이 거의 없다. 아름다운 꽃은 시들어 떨어지고, 눈부시던 청춘은 세월과 함께 늙어 추한 노년이 된다. 이것이 현상 세계와 이데아 세계의 차이다.

현상계의 대상들을 우리는 감각을 통해서 안다. 그래서 현상계를 감각의 세계(the sensible)라고도 한다. 현상계의 사물들을 우리는 손으로 만져 볼 수 있고, 눈으로 볼 수도 있으며, 또 다른 감관으로 지각할 수도 있다. 그러나 불변하는 것들은 오직 정신으로만 파악할 수 있을 뿐, 눈에는 보이지 않는다. 이데아의 세계는 우리의 감각을 초월해 있다. 오로지 정신 또는 지성을 통해서만 그것을 알 수 있다. 그래서 이데아의 세계를 예지계(睿智界) 또는 가지적(可知的) 세계(the intelligible)라고도 한다. 영어로 인문학서를 읽을 때 혹시 intelligible이라는 단어가 나오면 그것을 '지성적'이라고 번역하지 말아야 한다. 그것은 '지성으로라야 이해할 수 있는'이라는 플라톤적 의미이기 때문이다.

현상계의 모든 사물들은 각기 자신의 이데아를 가지적(可知的) 세계 안에 갖고 있다. 그러니까 가지계(可知界) 안에는 현상계의 사물 수만큼의 이데아가 존재한다. 침대 같은 구체적 사물의 이데아도 있고, 아름다움이니 정의(正義) 같은 추상적 사물의 이데아도 있다. 이것들은 현상계 속에 있는 모든 종류의 대상들과 각기 한 종씩 대응되는 원본의 모델이다. 플라톤은 이것을 에이도스(eidos)라고 했다. 에이도스는 현대어로 형상(形相, form)이다. 그는 이 형상들이 실재이며, 우리가 일상적으로 살고 있는 세계는 한갓 그림자인 허상의 세계라고 했다. 그러니까 플라톤에게 있어서 눈에 보이는 그대로의 물질세계는 진짜 세계가 아니다. 실재 세계는 이데아의 세계이며, 현상계(現象界)는 그 형상들을 모방한 허상의 세계에 불과하다. 그러므로 이데아의 세계는 가지계(可知界) 혹은 예지계(睿智界)이고, 또 다른 말로 하면 형상계(形相界)이며, 또 다시 말하면 실재계(實在界)이다.

세상 모든 책상의 모델인 책상의 이데아, 그것은 다름 아닌 책상의 개념 혹은 책상의 본질일 것이다. 그러므로 플라톤의 이데아는 사물의 본질 혹은 개념이라고 해도 무방하다.

다시 한 번 정리하자면 플라톤에게서는 눈에 보이는 가시적 존재와 눈에 보이지 않는 비가시적 존재가 있는데, 가시적(可視的, visible) 세계의 이름은 '감각 세계', '가시적 세계', '현상계'이고, 비가시적(非可視的, invisible) 관념의 세계는 '실재계', '이데아계', '형상계', '예지계', '가지적(可知

的) 세계' 등이다.

우리 현대인들도 이미지(image), 카피(copy), 복사, 복제, 사본, 모방, 시뮬라크르(simulacre), 유사(類似), 상사(相似), 가시성(可視性), 가상(假像)현실, 비주얼(visual) 등의 단어들을 즐겨 쓰면서 자기가 살고 있는 엄연한 실제의 세계를 가상적 이미지의 세계라고 말한다. 이것은 플라톤이 현상계를 묘사할 때 썼던 단어들과 그대로 부합된다. 또 우리는 가상 이미지의 본(本)이 되는 대상을 원본(原本), 원형(原型, archetype), 오리지널(original), 모델(model) 등으로 부르는데, 이것은 플라톤이 실재계를 말하면서 암시했던 단어들이다. 우리가 플라톤의 이원론적 구조를 그대로 차용해 쓰고 있음을 알 수 있다.

참고로, 라캉의 이론에도 실재계(the Real)라는 개념이 있다. 라캉은 인간의 심리적 존재 양태를 상상계(the Imaginary), 상징계(the Symbolic), 실재계(the Real)로 나눴는데, 이중에서 상상계와 상징계는 우리의 경험적 세계에 속하는 것이고, 실재계는 경험을 초월한 대상의 세계이다. 그러나 명칭만 똑같을 뿐 플라톤의 실재와 라캉의 실재는 전혀 다르다. 플라톤의 실재는 현상적 사물들의 원형 혹은 본질이지만 라캉의 실재는 우리 욕망의 궁극적 대상인 어떤 결핍,

비어있음(空, void), 아무것도 없음(無)을 지시하는 초경험적 대상이기 때문이다. 플라톤의 실재가 형상(形相, form)이라는 다른 이름을 갖고 있듯이, 라캉의 실재도 대문자 사물(The Thing)이라는 다른 이름을 갖고 있다. 공(空)에 다름 아닌 이 대문자 사물은 현실 속에서는 결코 표상될 수 없지만 현실을 구성하기 위해서는 반드시 전제되어야 할 어떤 것이다.

플라톤과 정치학

플라톤은 이데아의 세계와 현상계를 쉽게 설명하기 위해 죄수들이 평생 갇혀 살고 있는 어떤 동굴의 우화를 들려준다. 죄수들은 손과 발이 묶이고 목도 옆으로 돌리지 못하는 채 앞의 벽면만 바라보고 있다. 그들 뒤로는 불이 타오르고 있고, 불 앞으로 사람들이 동식물이나 인공적 물품들의 형상을 쳐들고 지나간다. 이 형상들이 불빛에 비쳐 죄수들 앞 벽면에 그림자를 드리운다. 마치 영화 스크린과도 같다. 앞만 바라보도록 되어 있는 죄수들은 영화관에 나란히 앉아 화면을 바라보는 관람객들처럼 벽면에 지나가는 그림자들을 본다. 그림자의 실제 모습을 본 적이 없으므로 죄수들은 그림자들을 실재로 생각한다.

플라톤은 이 죄수들의 운명이 바로 우리 인간의 운명이라고 말한다. 인간도 실재를 보지 못하는 채 한갓 실재의 그림자에 불과한 이미지들을 실재로 여기면서 평생 살아가고 있다는 것이다. 여기서 다시 한 번 우리는 플라톤의 우화와 현대의 미디어 비평이 그대로 일치하는 경험을 하게 된다.

죄수 중 누군가가 쇠사슬이 풀려 동굴 위 세계로 올라간다면 그는 태양이 비치고 실제의 사물들이 있는 선하고 실재(good and real)인 세계를 알게 된다. 드디어 그는 악과 무지 속에 살고 있는 동료 죄수들을 불쌍히 여기게 된다. 그들을 구출하기 위해 다시 내려오면 동굴 안의 죄수들은 이 사람이 힘들게 꼭대기까지 기어 올라갔다 오더니 이상한 사람이 되었다고 그를 경멸하고 조롱한다. 그가 쉽사리 자기 생각을 굽히지 않으면 그를 잡아 죽이려고까지 한다. 예수 그리스도의 기독교 사상을 강력하게 연상시키는 일화이다. 신플라톤주의가 초기 교부들의 기독교 사상에 끼친 막대한 영향을 이 단편적 일화에서도 확인할 수 있다.

플라톤의 인식론과 형이상학이 분명하게 드러나는 동굴의 우화는 그의 정치 이데올로기와도 밀접한 연관이 있다. 그에 의하면 무지 몽매한 죄수들의 동굴에서 기어 올라가

선(善, goodness)의 이데아를 본 사람만이 통치자가 될 수 있고 또 되어야 한다. 이처럼 참된 인식을 접한 사람들은 신적인 명상만 할 것이 아니라 아래 민중의 세계로 내려와 높은 통찰력으로 국가를 경영해야 한다. 이 지혜로운 자가 다름 아닌 '철인—통치자'(philosopher—ruler)이다. 한편 대중이 발휘할 수 있는 가장 큰 지혜는 올바른 통치자를 뽑는 현명한 선택이다. 이것이 『국가』의 주요 주제다.

플라톤은 추앙을 받는 만큼이나 많은 비판을 받았다. 민중을 경멸하는 귀족이라든가, 스놉(속물)이라든가, 또는 억압 사회의 옹호자라든가, 모든 자유주의적, 인도주의적 사상에 반대하는 전체주의자(totalitarian)라든가, 하다못해 인종주의자라는 말까지 듣는다. 그는 2천수백년을 앞서서 현대 계획경제의 창시자로 지목되기도 한다. 대표적으로 버트랜드 럿셀은 소련이 가장 플라톤적 원칙에 충실하게 경영되는 국가라고 말한 적이 있다. 우리의 주제는 예술이지만 그를 전체적으로 이해하기 위해 『국가』에 나오는 그의 정치적 견해를 간단히 살펴보기로 한다.

『국가』(영어 제목은 The Republic)는 플라톤이 52세 무렵(B.C. 375)에 쓴 책으로, 철인 통치의 개념이 고스란히 담겨 있다. 철인 정치가의 훈육이 목적이므로 이 책이 다루고 있는 내용은 방대하다. 형이상학, 인식론, 윤리학, 정치사상, 심리학, 교육학, 수학, 기하학, 천문학, 지리학, 시작법(詩作法), 예술론 등 그야말로 모든 인문주의 사상을 망라하고 있다. 총 10권 중 1권과 5권은 윤리학을 다루고 있고, 3권과 8권은 교육학, 7권은 인식론(theory of knowledge), 10권은 예술을 다루고 있다. 열 권으로 나뉜 것은 당시의 파피루스 두루마리의 길이 때문이었고, 오늘날에는 물론 한 권으로 묶여 있다. 이중에 정치사상은 8권에 들어있다.

우선 플라톤은 선택된 소수에 의해 나라가 운영되어야 한다는 것을 전제로 한다. 통치자를 선택하는 방식 중에서는 민중의 선택이 가장 나쁜 선택이 될 가능성이 있다고 그는 말한다. 왜냐하면 민중은 순박하여 쉽게 속임을 당하기 때문이다.

민중은 정치적 문제를 제대로 판단하지 못한다. 특히 외교나 경제에 대해서는 경험도 없고 전문 지식도 없다. 그들은 모든 것을 충동과 감정 혹은 편견에 의해서만 판단한다. 이런 결점은 리더십에 의해 극복되어야 한다. 그러나 여기서 두 번째 문제에 직면하게 된다. 민중이 지도자를 판단할 때 항상 옳은 판단을 하거나, 최선의 선택을 한다고는 믿을 수 없기 때문이다. 민주주의는 나쁜 리더십을 부추기는 경향이 있다.

민중적인 지도자(popular leader)는 가장 쉬운 방법으로 자리와 인기를 유지하려 한다. 민중의 호(好) 불호(不好)와 약점 단점들을 잘 이용하고, 그들에게 불쾌한 진실을 말하지 않으며, 그들을 불편하게 할 주장도 결코 하지 않는다. 고객의 눈치만 살피는 장사꾼처럼 그는 민중의 안색만 살필 뿐 결코 진실을 얘기하려 하지 않는다. 요컨대 포퓰리즘의 지도자는 민중에게 복지를 파는 세일즈맨이다. 그는 민중에게 많은 것을 약속하고, 빚을 탕감해 주고, 땅을 나누어 주면서 언제나 상냥하고 온유한 표정을 짓는다.

민주주의의 핵심적인 특징인 자유도 많은 문제를 안고 있다. 민주주의 사회에서 모든 개인은 자기가 하고 싶은 것을 할 자유가 있다. 이것이 민주적 사회를 매우 다양성 있고 매력적인 사회로 만든다. 그러나 그 결과는 파괴적이다. 사람들은 점차 정치적이건 도덕적이건 간에 모든 권위를 싫어하게 된다. 차츰 아버지들은 아들들에게 아첨하고, 선생들은 학생들에게 아부하며, 학생들은 선생들을 존경하지 않을 뿐만 아니라 경멸하기 까지 한다. 어른들은 자신들이 너무 엄격하거나 재미없는 사람으로 보이지 않을까 두려워 젊은이와 자주 어울리고 그들을 흉내 낸다.

마침내 시민들은 아주 사소한 제한도 참을 수 없게 된다. 당연히 혼란이 일어난다. 사회적 응집력이 없는 곳에 필연적으로 불화가 싹트기 마련이다. 부자와 가난한 사람들 사이에 투쟁이 일어나고, 결국 계급간의 전쟁으로 귀착된다. 가난한 사람들에게 있어서 부자들은 세금 쥐어짜기에만 소용이 되고, 부자들 또한 가난한 사람들을 같은 태도로 본다. 민주주의가 표방하는 자유는 결국 한 나라의 자유가 아니라 두 나라(two nations)의 자유이다. 즉 좀 더 큰 파이 조각을 차지하려고 싸우는 부자와 가난한 사람들의 각기 다른 자유인 것이다.

플라톤은 민주 정체의 귀결인 혼란과 분열에서부터 참주(僭主)정치(tyranny)가 생겨난다고 보았다. 하기는 고대건 현대건 모든 독재자들은 처음에는 민중적 지도자로 시작하였다. 사회의 극도의 분열은 그 반동으로 극단적인 권위주의(authoritarianism) 체제를 낳기 마련이다. 독재자에 대한 플라톤의 관찰도 명쾌하다. 독재자는 라이벌을 용납하지 못하고, 아래 사람 중 탁월한 사람이 있으면 반드시 제거해 버린다. 자신의 실정(失政)에서 사람들의 관심을 돌리기 위해 끊임없이 전쟁이나 외부의 위기를 강조하기도 한다.

바로 오늘날 어디서 보거나 들어 본 이야기 같지 않은가? 2천4백여년 전 이야기라는 게 믿어지지 않는다. 포퓰리즘 정치의 폐단이나 독재자의 심리 상태의 묘사는 탁월하다. 그러나 포퓰리즘 혹은 독재 정치를 극복하기 위해 그가 내놓은 대안은 너무나 현실감이 없다. 철인정치가에게 지나치게 높은 지식과 인격을 요구하고 있기 때문이다. 현실 속에는 완벽한 지식과 인격을 갖춘 사람이 없음에도 불구하고 플라톤은 그런 정치가를 훈육으로 키울 수 있다고 생각했던 것이다.

　인간의 지식은 한계가 있고, 그 누구도 자기 혼자의 지식만으로 모든 인간의 문제를 해결할 수 없으며, 정치 지도자가 반드시 평균적 인간 보다 도덕적으로 우수한 것도 아니다. 완벽한 지도자를 찾느니 오히려 권력을 제한하는 제도를 만드는 것이 더 합리적인 일일 것이다. 흔히 플라톤의 정치사상을 비판하는 사람들은 그가 보통 사람들을 너무 무시했다고 비판하는데, 오히려 그의 치명적인 오류는 통치자를 너무 과도하게 신뢰했다는 점인 듯하다.

플라톤의 예술노트

플라톤의 형이상학, 인식론, 교육학, 정치학 그 모든 것 중에서 예술론 부분만 발췌하고, 그 중에서 정수만 추려 엮어 보았다. 단순히 진리에서 세 단계 떨어졌다는 이유로 예술가를 국가에서 추방해야 한다고 말하는 플라톤의 예술론은 예술이 가장 중요하게 여겨지는 현대적 관점에서는 분명 시대착오적이다. 그러나 예술의 근본 원리인 미메시스 (현실 모방) 이론의 기원이라는 점, 작품 속 세계를 지칭하는 디에제시스의 어원을 그의 시가론(詩歌論)에서 찾을 수 있다는 점 등에서 플라톤의 예술 이론은 시의적 생명력을 얻는다.

더 나아가 동굴의 우화는 현대 미디어 환경을 비판하는 데 더 할 수 없이 적절한 우화이다. 목이 앞으로 고정된 채 앞쪽의 벽면으로 지나가는 그림자들을 실재로 여기고 열심히 바라보는 동굴 속 죄수들은 하루 종일 TV 앞에 앉아 화면의 이미지를 실재인 양 믿고 있는 현대인들과 무엇이 다른가?

들뢰즈, 보드리야르 등의 시뮬라크르 이론, 데리다의 로고스 중심주의 비판, 푸코의 상사(相似, similitude)이론, 라캉의 욕망 이론 등을 이해하는 데에도 플라톤의 사상은 필수적이다. 그러나 플라톤의 방대한 저작을 다 읽기에 세상에는 읽어야 할 책들이 너무나 많고, 재미있는 전자기기는 너무나 많아서 책 읽기에 들일 시간은 지극히 한정되어 있다. 가장 효과적으로 그리고 가장 정확하게 플라톤의 원리를 깨우치는 방식을 우리는 모색해 보았다. 관심 있는 독자라면 여기서 출발하여 더 광대한 플라톤의 세계로 지적 등반을 할 수도 있을 것이다.

2013년 3월 박정자

『국가』 제10권 예술론

플라톤이 예술론을 따로 쓴 것은 없지만 현대적인 관점에서
예술을 다루고 있다고 생각되는 부분은 『국가』 10권이다. 『향
연』, 『파이돈』 등에도 미의 본질을 설명하는 분유(分有) 이론
이 나온다.

근대 이래 문학과 미술의 창작 원리였던 미메시스(mimesis) 이
론은 『국가』 10권에 집중적으로 나온다. 미메시스는 요즘 말로
하면 재현(representation)이다. 르네상스 이래의 서구 미술,
그리고 근대 이래의 전통적 사실주의 미학에 의하면 미술은 대
상을 최대한 실제와 비슷하게 그려야 했고, 소설은 현실을 반
영해야 했다. 한 마디로 재현의 원칙이었다. 재현은 20세기에
들어와 모더니즘이 대두되면서 붕괴되기 시작하였다. 미술에

서는 추상화가 나오고, 문학에서는 판타지 소설이 등장하였다. 수백 년간 서양 미학을 지배했던 미메시스 이론의 무게감 때문에 우리는 『국가』 10권을 제일 먼저 배치하여 논의의 출발점으로 삼았다. 미메시스는 고대 희랍어로 '모방'이라는 의미이다. 플라톤의 미메시스를 이해하기 위해서는 그의 이데아 사상을 알아야만 한다. 이데아 사상을 이해하는 데에는 동굴의 우화만큼 효과적인 것이 없다. 우리는 10권에 이어 『국가』 7권의 동굴의 우화 편으로 이동하였다. 동굴의 우화는 『국가』 6권에서 개진된 이데아 사상을 독자들에게 쉽게 이해시키기 위해 플라톤이 제시한 비주얼한 이미지 작업이다. 쉬운 것에서 시작하여 어려운 것으로 넘어가는 사고의 흐름을 따르기 위해 우리는 10권 7권 6권의 역순으로 『국가』를 재배치하였다. 그리고 그 중에서 예술과 관련된 부분만을 추려 보았다.

『국가』 2권과 3권에 나오는 미메시스는, '모방'이라는 의미는 같지만 『국가』 10권에서의 논의와는 약간 편차가 있다. 2~3권에서의 미메시스는 디에제시스와 대립되는 개념으로, 각기 연기와 내레이션의 의미였다. 쉽게 예를 들자면 TV 역사 드라마에서 탤런트들이 연기하는 부분은 미메시스이고, 중간 중간 성우가 극중의 역사적 배경을 설명하는 내레이션은 디에제시스이다. 인간의 행동을 모방한다는 좁은 의미의 미메시스가

『국가』10권에 이르러 예술 전반을 지칭하는 말이 되었고, 그것이 수천 년간의 서양 미학의 근간이 되었다. 단순히 내레이션을 의미하던 디에제시스도 요즘에는 영화나 소설 등 작품의 내적 공간으로 의미가 확대되었다. 슬라보예 지젝의 영화 비평에서 우리가 흔히 발견하는 디에제시스의 기원이 바로 여기에 있는 것이다.

그 유명한 '시인 추방론'도 여기서 나온다. 시나 그림은 대상을 모방하는 것인데, 그 대상은 이데아계의 형상(形相)이 아니라 감각 세계의 '현상(現象)'이다. 감각계의 현상은 이미 이데아계의 형상을 모방한 것인데, 예술은 그 모방품을 또 한 번 모방했으므로 그것은 실재(또는 진리)에서 세 단계나 떨어져 있다. 실재도 아니면서 실재처럼 사람들의 눈을 교묘하게 속이므로 시가(詩歌)나 그림은 저속하고 위험하다. 플라톤이 '아름다운 나라'(kallipolis, 플라톤은 자기가 구상하는 이상적인 국가를 '아름다운 나라'로 명명했다)에서 시인을 추방해야 한다고 내세우는 이유가 바로 이것이었다. 요즘 식으로 번역하자면, TV의 막장 드라마가 유해하니까 우리들의 아름다운 나라에서 드라마 작가들을 추방해야 한다고 말하는 격이라고나 할까.

여하튼 모든 분야에서 예술과 미적인 것이 가장 중요한 것으로 여겨지는 오늘날 진리에서 세 번째 떨어졌다는 이유로 예술을 폄하하는 플라톤의 예술관은 실소를 자아낸다. 그러나 문학과 미술의 기본적인 원리인 미메시스 이론을 그 근원에서 발견할 수 있다는 것이 우리의 지적 쾌감을 자극한다. 더구나 그것이 복제의 복제를 뜻하는 현대 시뮬라크르 이론의 기본 틀이라는 점에서 플라톤은 우리 시대와 가장 가까운 시의성을 획득한다. 제조자, 예술가, 사용자(user) 중 사용자가 으뜸이라는 플라톤의 말도 요즘 유저의 중요성과 관련해 흥미로운 부분이다. 한 도구의 제작자는 그 도구의 장점과 단점에 대해 그것을 잘 아는 자로부터 들어야 하는데, 그것이 다름 아닌 유저라는 이야기는 요즘의 마케팅 이론에 그대로 적용되는 이야기가 아닌가. 또는 예술작품과 수용자와의 관계라는 현대의 미학 이론도 떠올리게 한다.

현대어의 시인(poet)은 고대 그리스어에서 단순히 제작자(poietes)이다. 그러니까 본문에서 시인이라고 할 때는 화가와 장인(匠人)을 다 지칭하는 말이다. 또 그리스어의 mimesis(모방)는 영어로는 represent로 번역되어 있다. 그러므로 본문에서 '모방'이라고 할 때 그것을 모두 '재현'으로 대체해도 무방하다. 외관(겉모습)이라는 뜻의 appearance는 실재(the real)와 반대되는 개념으로 쓰인다. 겉모습만 비슷할 뿐 실재는 아니라는 의미이다. 그래서 철학 용어로 appearance는 가상(假象, 실제인 것처럼 보이나 객관적으로는 존재하지 않는 거짓 현상)이 된다. 오늘날의 예술인 art도 고대 그리스어에서는 특별히 예술을 뜻하지 않았다. 그 때는 예술과 제작의 개념이 분화되지 않았던 때였다. 그러므로 플라톤을 번역할 때 artist는 화가이기도 하고, 또 뭔가를 만드는 장인(匠人)이기도 하다. 그가 모방적 제작자(representative artist)라고 말했을 때 그것이 바로 오늘날의 예술가이다.

시인들은 사람들에게 해악을 끼친다

우리의 아름다운 나라(kallipolis)의 우수한 특징 중에서 시작(詩作, 시 짓기, treatment of poetry)보다 더 중요한 문제는 없다고 생각하네. 우리끼리 하는 말인데, 자네들이 비극 시인들(tragic poets)이나 그 밖의 다른 작가들에게 내 말을 일러바치지 않을 테니까 하는 말이네만, 그런 모든 모방들은 청중의 정신에 해악을 끼치네.

'정확히 무엇을 염두에 두고 하시는 말씀입니까?'

어릴 적부터 호메로스에 대해 사랑과 존경심을 갖고 있어서 이런 얘기를 하기가 좀 꺼려지기는 해. 그분은 모든 훌륭한 비극 시인들 중에서도 가장 독창적인 분이시지. 그렇지만 진리보다 사람이 더 존중되어서는 아니 되겠기에, 내 할 말을 해야만 하겠네.

'하셔야 겠지요.'

그럼 듣게나. 아니, 그보다도 대답하게나.

'물으십시오.'

모방이란? 본(本)을 보고 만드는 것

모방(representation, mimesis)이 무엇인지를 전반적으로 내게 말해 줄 수 있겠는가? 실은 내 자신이 그것의 목적을 제대로 표현할 수 있을지 확신할 수 없기 때문일세.

'저도 그렇지요.'

그러면 우리가 늘 하던 방식대로 한 번 해 볼까? 우리는 언제나 일련의 특정 사물들(each set of particular things)을 관통하는 단 하나의 형식(a single form)이 있다는 것을 가정했었지. 그리고 그 유일한 형식과 특정의 많은 사물들이 똑같이 동일한 이름을 하나 갖고 있다는 것도(to which we apply the same name).

'네, 압니다.'

무엇이든 자네가 원하는 걸 가정해 보게. 이를테면 많은 특정의 침대와 탁자가 있네.

'네.'

그러나 이 가구들과 관련해서는 오로지 두 개의 형식(forms, idea)만이 있는데, 그 하나는 침대의 형식이고, 다른 하나는 탁자의 형식일세.

'네.'

그런데 이런 가구의 제작자(maker)들은 우리가 사용하는 침대나 탁자들을 만들 때 그 가구의 본(本, form)을 보고 만들지 않겠는가. 다른 것들도 마찬가지지. 왜냐하면 그 어떤 장인(匠人, craftsman)도 형식 자체(form)를 만들 수는 없으니까 말일세.

스탕달의 사실주의 이론과 비슷, "소설은 사회를 비추는 거울"
이 공예가는 모든 인공적인 사물을 만들 수 있을 뿐만 아니라, 자기 자신을 포함하여 모든 식물과 동물도 만들어낼 수 있다네. 거기에 더하여 땅, 하늘, 신(神), 천상의 모든 것 그리고 지하세계의 모든 것까지 만들 수 있어.

'정말 놀라운 재주로군요.'

내 말이 믿어지지 않나? 그런 장인은 도저히 있을 수 없다고 생각하는 겐가? 아니면 자네도 그것들을 만들 수 있는 방법이 있다는 걸 모르는가?

'어떤 방법인데요?'

어렵지 않으이. 가장 빠른 방법은 거울을 들고 온 사방으로 한 번 빙 돌리는 것이네. 그러면 곧바로 해와 별과 땅과 사람, 그리고 동물, 식물, 가구들, 이 모든 것들이 만들어질 걸세.

'네, 하지만 그것들은 영상(映像, reflections)에 불과한 것 아니겠습니까? 실제의 사물들(real things)은 아닌 거죠'

훌륭하이. 자네는 논의의 핵심을 짚었어. 화가가 바로 이런 종류의 공예가(a painter is a craftsman of just this kind)라네. 안 그런가?

'그렇습지요.'

목수는 침대를 제조, 화가는 목수가 만든 침대를 모방

화가가 만들어내는 사물은 실제의 사물이 아니라고 자네는 말하겠지. 비록 화가도 어떤 식으로는 침대를 만들기는 하지만 말일세.

'네. 그는 침대의 외관(appearance)만 제작하는 것이죠.'

목수는 어떨까? 그가 제조하는 것은 침대의 형상(形相)이 아니라 어떤 특정의 침대 하나야. 침대의 형상(form of bed)이란 목수가 침대를 만들 때 본(本)으로 삼는 침대의 참모습이네.

'그렇지요.'

그가 만드는 것이 참된 모습의 침대가 아니라면, 그는 침대 그 자체를 만드는 것이 아니라(his product is not 'what is'), 침대 그 자체는 아니면서 침대와 비슷한 어떤 것(something which resembles 'what is' without being it)을 만드는 거겠지. 그렇다면 목수 혹은 다른 장인들의 제품이 완전히 실제의 것(ultimately real)이라고 말하는 것은 진실이라고 할 수 없을 것 같으이.

'아니고말고요.'

그렇다면 목수가 제작한 침대도 실재에 비해서는 그림자에 불과하다(the bed the carpenter makes is a shadowy thing compared to reality)는 말이 전혀 놀랍지 않겠지. '전혀 놀랍지 않지요.'

그러면 바로 이 예들을 보기로 삼아 모방의 활동이 무엇인지(what the activity of representation is)를 밝혀 보기로 하세.

'그러시지요.'

그러니까 세 가지의 침대가 있네. 그 첫 번째는 자연 속에 있는 것이지. 아마 신이 만들었을 거야. 신이 아니면 다른 누가 만들었겠는가?

'네, 다른 누구도 만들 수 없지요.'

두 번째 것은 목수가 만들었네.

'네.'

세 번째 것은 화가가 만든 것이지?

'맞습니다.'

그러니까 화가, 목수, 신, 이들 셋이 침대 한 종류를 책임지고 만들어내는 자들일세.

'그렇습니다.'

그런데 신은 자신이 원했건 또는 한 개 이상의 침대를 만들 수 없는 어떤 필연성 때문이었건 간에 참다운 침대 그 자체를 하나만(one real bed-in-itself) 만들었다네. 하여간에 신은 한 개 이상의 침대를 제작하지 않았고, 또 한 개 이상의 침대를 제작할 수도 없었네.

'왜 그렇죠?'

만일 침대를 두 개 만들었다고 가정해 보게. 그러면 그 둘의 형상을 닮은 다른 하나의 침대가 나타나, 그것이 참된 침대 그 자체가 될 걸세.

'옳습니다.'

신은 바로 이걸 알고서, 자기가 참된 침대를 만드는 참된 제작자(real creator of a real bed)이기를 바랐지, 어떤 특정의 침대 하나를 만드는 목수가 되기를 바라지 않았어. 그래서 그는 세상에서 유일한 침대 그 자체(a single bed-in-itself)를 만든 거네.

'그럴 것 같습니다.'

그렇다면 우리는 신을 침대의 성질을 창조한 자(author of its nature) 혹은 그 비슷한 이름으로 불러야 할까?

'그렇게 하는 것이 옳은 일일 듯싶습니다. 침대를 포함해 자연 속에 있는 다른 모든 것이 그의 창조물(his creation)이니까요.'

그럼 목수는 어떤가? 그도 침대를 만들거나(make) 혹은 제조하지 않았는가(manufacture)?

'그렇습니다.'

화가는 어떤가? 그도 침대를 만들거나 혹은 제조했는가?

'아닙니다.'

그럼 그는 뭐를 했지?

'다른 두 사람이 만든 것을 모방했다(he represents what the other two make)고 하는 게 가장 정확한 답일 듯싶습니다.'

실재로부터 세 단계 떨어진 모방 작업, 예술

좋으이. 그렇다면 자네는 예술가의 모방이 실재로부터 세 단계 떨어진 곳에 있다고 생각하는 거지(artist's representation stands at third remove from reality)?

'그렇습니다.'

비극 작가(tragic poet)도 마찬가지일 테지. 그들도 모방의 예술가이므로 역시 진리의 왕좌에서 세 번째 떨어진 것(at third remove from the throne of truth)이 아니겠는가. 다른 모든 모방의 예술가도(all other representative artists) 그렇다고 생각하네.

'그런 것 같습니다.'

그러니까 모방(representation)에 대해서는 우리가 합의를 보았네. 그런데 도대체 화가는 무엇을 모방하는가? 자연 속에 있는 사물 그 자체(the thing-itself as it is in nature)를 모방하는가, 아니면 장인이 제작한 사물들(the things the craftsman makes)을 모방하는가?

'장인의 제작물을 모방하지요.'

그 사물들의 본질을 모방하는가, 아니면 우리 눈에 보이는 외관만 모방하는가(As they are, or as they appear)? 이 것 또한 구별해야 되네.

'무슨 뜻으로 하시는 말씀입니까?'

이런 것일세. 침대건 혹은 다른 어떤 사물이건 간에 그걸 옆쪽에서 보건, 끄트머리에서 보건, 또는 그 어떤 각도에서 보건 간에, 침대라는 사물의 본질이 달라지는가? 아니면 전혀 본질은 달라지지 않지만 오로지 보이는 외관만 달라 보이는 건가(Isn't it merely that it looks different, without being different)?

'그렇습니다. 똑같은 침대인데 오직 다르게 보이기만 할 뿐입니다(it's the same bed, but it looks different).'

바로 이점을 생각해 보게. 화가가 모방을 할 때 그는 대상의 본질 그 자체를 참조하여(by reference to the object as it actually is) 하는가 아니면 그 피상적인 외관(to its superficial appearance)에 따라 하는가? 그의 모방은 현상(apparition)의 모방인가, 아니면 진실(truth)의 모방인가?

'그것은 현상의 모방입니다.'

따라서 모방의 기술(art of representation)은 진실 된 것에서 멀리 떨어져 있으며, 바로 이 때문에 모든 걸 만들어낼 수 있는 것 같으이. 왜냐하면 모방술이란 대상의 아주 작은 부분만 취하는 것(it has little grasp of anything)이기 때문이지. 그 작은 부분이 다름 아닌 순수 가상(假象)(a mere phenomenal appearance)이네. 이를테면, 화가는 구두장이와 목수 그리고 다른 장인들을 우리에게 그려 주지만, 이 기술들 가운데 어느 하나에 대해서도 잘 알고 있지 못하네. 그런데도 그는 재주가 훌륭하여, 만일 목수를 그린 다음 멀리서 보여주면 아이들과 순진한 어른들은 그 게 진짜 목수인 줄로 속아 넘어가네.

'아마 그럴 테지요.'

그러나 여보게! 이런 모든 것과 관련해서 염두에 두어야 할 것들이 있네. 모든 제작술을 알 뿐만 아니라, 모든 주제에 관하여 그 어떤 전문가들 보다 더 잘 이해하고 있는 사람을 만났다고 누군가가 말한다면, 그는 허풍선이에게 속아 넘어간 어리석은 사람일세. 모든 것을 다 안다고 생각하는 사람은 인식(knowledge)과 무지(ignorance)와 모방(representation)을 구별할 줄 모르는 사람이라네.

'옳은 말씀이십니다.'

호메로스 비판

다음으로는 비극 시인들(tragedians)과 그들의 선구자인 호메로스를 생각해 보세. 그들은 모든 기술에 통달해 있고, 인간의 우수성과 단점을 잘 알고 있으며, 종교에 대해서도 정통하다고 사람들이 말하고 있으니 말일세. 훌륭한 시인이 훌륭한 시를 지으려면 그의 주제에 관해 모든 것을 알아야 하고, 그렇지 못하면 시를 쓸 수가 없지. 그런데 어떤 사람들은 시인이 그 어떤 진실도 알지 못하면서(without any knowledge of the truth) 작품을 쉽게 만든다는 사실, 따라서 그 작품은 실재에서 세 단계나 떨어져 있다는 사실을 깨닫지 못하네. 이 작품들은 외관에 불과할 뿐 실재가 아닌데도(they are appearances and not realities) 말이야. 그러나 또 혹시, '훌륭한 시인들은 정말로 자신의 주제에 대해 잘 알고 있'고 생각하는 사람들의 말이 맞을지도 모르니, 잘 생각해 보아야겠네.

'물론 검토해 보아야만 합니다.'

그러면 만약에 모방의 대상 즉 원본(the original)과 모방해 그린 그림 즉 사본(the copy)을 둘 다 만들 수 있는 사람이 있다고 가정해 보세. 그가 사본의 제작에 전심전력하고, 이것을 자기 인생 최고의 목표로 삼을 것이라 자네는 생각하는가?

'아니요, 그렇게 생각하지 않습니다.'

물론 아닐 테지. 그가 자신이 모방한 것들(오리지널)에 관해 진정으로 알고 있다면, 그는 그 사본(카피)들 보다는 원본에 더 헌신할 것이며, 이 분야의 훌륭한 결과물들을 자신의 기념물로 남기려 애쓸 테지. 다른 사람들을 찬양하기 보다는 스스로 찬양받는 사람이 되려고 열심히 노력하는 게 인간이니까.

'제 생각도 그렇습니다. 명성도 얻고 유익함도 얻기 때문이지요.'

그러면 우리는 호메로스 또는 다른 어떤 시인들이 의학 혹은 다른 어떤 유사한 숙련 기술에 대해 우리들에게 설명해 줄 수 있으리라고 기대할 수 없네.

호메로스는 전쟁과 전략, 나라의 경영, 인간 교육 등 가장 중대하고 가장 훌륭한 것들을 언급하고 있으므로 우리는 다음과 같은 질문을 할 권리가 있네. 즉 "친애하는 호메로스님이시여! 만약에 모방에 대한 우리의 규정이 틀리고, 선생님은 단순히 실재에서 세 번 떨어진 사본을 제작하는 사람이 아니라 사람의 훌륭함과 관련해 한 단계 다가서 있는 분이어서, 어떤 행동이 개인이나 국가를 좀 더 낫거나 못하게 만드는지를 아신다면, 어느 나라가 선생님에 의해 더 잘 개선되었는지를 저희한테 말씀해 주십시오."라고 말이네.

'호메로스의 가장 헌신적인 숭배자들조차도 아마 대답을

하지 못할 것 같습니다.'

그러면 호메로스 시대에 그가 지휘하거나 조언함으로써 잘 치러진 것으로 기억되고 있는 어떤 전쟁이 있는가?

'하나도 없습니다.'

그에게 어떤 실용적 기술이 있었던가? 밀레토스(Miletus) 사람인 탈레스(Thales)나 스키티아(Scythian) 사람인 아나카르시스(Anacharsis)처럼 어떤 독창적이고 실용적인 기구를 발명한 적이라도 있었나?

'그런 것은 전혀 아무것도 없습니다.'

그처럼 공공의 봉사는 한 적이 없다 하더라도, 자신의 학교를 세워 학생들을 열정적으로 가르침으로써 그들의 후손들에게 호메로스적 삶을 전수하도록 한 적이라도 있는가? 피타고라스(Pytahgoras)는 학생들 가르치는 일로 크게 명성을 얻었고, 그의 후계자들은 아직도 피타고라스적 생활 방식에 대해서 얘기하고 있다네. 그들이 남다른 품위를 간직할 수 있었던 것은 바로 이 생활 방식 때문이었다고 하면서.

여보게 글라우콘! 만약에 호메로스가 모방하는 일이 아니라 사람들을 교육하는 일을 했다면, 그는 그를 존경하는 많은 열정적인 추종자(follower)를 갖게 되었을 것이라고 생각지 않는가? 압데라(Abdera) 사람인 프로타고라스

(Protagoras)와 케오스(Ceos) 사람인 프로디코스(Prodicus) 등 많은 교육자들은 만약 자기들 문하에서 교육 받지 않는다면 개인적인 삶이나 공적인 삶을 영위할 수 없을 것이라고 동시대 사람들을 설득했네. 그리하여 전문적인 지식으로 크게 존경받았지.

만약에 호메로스와 헤시오도스(Hesiodos)가 사람들을 훌륭하게 가르칠 수 있었다면 그들의 동시대인들은 이 두 사람을 방랑하는 음유시인으로 떠돌아다니게 내버려 두었겠는가? 이 시인들을 마치 순금 바라보듯 반기며 자기 집에 유숙하도록 요청하지 않았겠는가? 그리고 그들이 한 집에 머무르지 않고 가는 곳마다 사람들을 가르쳤다면 사람들은 그들에게서 많은 것을 배우지 않았겠는가?

'소크라테스 선생님! 전적으로 옳으신 말씀입니다.'

그렇다면 호메로스를 비롯하여 후세의 모든 시인들은 진리를 포착하는 것이 아니라(no grasp of truth) 다만 자신들이 다루는 주제를 피상적으로 비슷하게 만드는 일(superficial likeness of any subject they treat)만 했다고 우리는 생각하려네. 방금 우리가 말했듯, 화가는 구두장이 비슷한 것을 그리지만, 화가도 감상자도 구두 제조에 관해서는 아무것도 아는 것이 없고, 오로지 색깔과 형태로만 그림을 판단할 뿐이라네.

'물론입니다.'

마찬가지로 시인도 여느 장인의 그림을 그리기 위해서는 단어와 구(句)들(words and phrases)을 매체로 사용하네. 그는 모방하는(represent) 일 외에는 아무것도 알지 못해. 그러나 그와 똑같이 아무 것도 모르는 사람들은 운율(metre)과 리듬(rhythm) 그리고 음악(music)을 듣고, 또 순전히 단어들만 가지고서 그가 구두 제조나 용병술에 대해 뭔가 많이 알고 있는 것으로 생각하네. 시의 마술이 이런 것이야. 시에서 시적 색채를 벗겨내고, 그것을 평범한 산문으로 만들어 보게. 그것들이 얼마나 초라하게 될 것인지는 자네도 잘 알 것일세.

'네, 이미 알고 있습니다.'

오로지 젊음이 꽃피던 시절에 매혹적이었던 얼굴이 젊음이 사라지면 보이는 모습이 그러하지 않겠는가?

'그렇습니다.'

마부와 대장장이

자, 이번에는 다른 관점에서 생각해 보게. 사물을 비슷하게 모방하는 예술가는 실재에 대해서는 아무 것도 모르고 다만 그 겉모습만 알고 있네(The artist who makes a likeness of a thing knows nothing about the reality but only about the appearance). 안 그런가?

'그렇습니다.'

아직 이야기는 절반 밖에 하지 않았어. 좀 더 충분히 살펴보세.

'말씀하세요.'

화가가 고삐와 재갈을 그린다고 생각해 보게.

'네.'

그러나 그것들은 마구(馬具) 제조자(harness maker)와 대장장이(smith)가 만든 거겠지?

'네.'

그러면 고삐와 재갈이 어떤 것이어야만 하는지에 대한 지식을 화가가 갖고 있는가? 아니, 그걸 만드는 자도, 즉 대장장이나 마구 제조자도 모르고 있는 것 아닌가. 오로지 이것들을 이용할 줄 아는 사람(who knows how to use them), 즉 마부만이 그 지식을 갖고 있겠지?

'더없이 진실입니다.'

그렇다면 모든 경우에 이러하지 않을까?

'어떻게 말씀입니까?'

제조자, 예술가, 사용자 중 사용자(user)가 으뜸

이 세상에는 세 가지의 기술(techniques)이 있네. 즉 사용
(use), 제조(manufacture), 모방(representation)이 그것이네.

'네.'

그렇다면 모든 도구와 생물 및 행위의 훌륭함(quality)과
아름다움(beauty) 및 적합함(fitness)은 그것들의 쓰임새에
의거해 판단되어야 하지 않을까?

'그렇습니다.'

하나의 물건을 사용하는 자(the user of a thing)가 가장 경
험이 많지. 그러니 그는 제작자가 이 물건을 기능에 맞게
잘 만들었는지를 그 제작자에게 알려 주어야 하네. 이를테
면, 플루트 연주자는 플루트 제조자에게 이 악기의 기능에
대해서 알려 주어야 하고, 그것을 제조하는 데 있어서 특별
히 유념할 부분을 말해주어야 하네. 그러면 제작자는 그 지
침에 따라 플루트를 제조할 것이네.

'물론이지요.'

예술과 수용의 관계

한 도구의 제작자도 역시 그 도구의 장점과 단점에 대한 신념(belief)을 갖게 되네. 그러나 그는 이 신념을, 그것을 아는 자(who knows)로부터 듣거나 또는 그와 함께 교류(associating with)함으로써 얻게 되는 것이네. 그 관련 지식을 가진 사람이 바로 사용자일세. (the person with the relevant knowledge is the user).

'그렇습니다.'

그러면 예술가와 그 모방은 어떠한가? 자기 그림이 좋은지 옳은지 여부를 알 수 있게 해주는, 사물에 대한 사용자의 직접 경험(user's direct experience of the things) 같은 것이 그에게도 있는가? 아니면 그가 무엇을 그려야 하는지를 아는 어떤 사람과 어쩔 수 없이 함께 하거나 또는 그에게 복종함으로써 올바른 의견(correct opinion)을 얻게 되는가?

'그 어느 쪽도 아닙니다.'

그러니까 예술가는 자기가 모방하는 것들에 대한 좋음(goodness) 및 나쁨(badness)에 대하여 지식(knowledge)도 없고 올바른 견해도 없단 말이지.

'그런 것 같습니다.'

그러면 예술가와 마찬가지로 시인도 자기 시의 주제에 대해 완전히 무지하단 말이지.

'전적으로 그러합니다.'

자신이 만들어내는 것이 좋은지 나쁜지도 모르면서 계속해서 시를 쓰고 있단 말이지. 그 시는 무지한 군중의 취미에 영합하는 것일 테고(what he will represent will be anything that appeals to the taste of the ignorant multitude).

'물론입니다.'

이 점들에 대해 우리가 옳게 합의를 본 것 같으이. 즉, 예술가는 자기가 모방하는 것들의 내용에 대해 아무것도 모르거나 혹은 아주 조금 밖에 모르고, 모방술은 전혀 진지한 가치가 없으며, 이 말은 비극시, 서사시 또는 희곡에 모두 적용된다는 것을.

'네, 완전히 동의합니다.'

모방의 예술은 열등한 부모에게서 태어난 열등한 자식

자, 이제 보게나. 이 모방의 과정은 진리에서 세 번째 떨어진 것을 다루고 있다고 우리는 앞에서 얘기했었지, 안 그런가?

'그렇습니다.'

그렇다면 그것은 인간의 어떤 부분에 영향을 미치는가?

'부분이라는 게 무얼 말씀하시는지?'

이런 것일세. 같은 크기의 물건도 우리 눈에 가까이 있는 것과 멀리 있는 것이 서로 다르게 보이지 않는가.

'그렇지요.'

같은 막대라도 물속에 있을 때는 구부러져 보이고 물 밖에 내놓으면 곧은 걸로 보이지 않는가. 똑같은 표면이라도 색채의 농담(濃淡)이 있으면 오목하게도 보이고 볼록하게도 보이지. 우리의 정신(mind)은 분명 이런 종류의 온갖 혼란에 매우 취약하이. 무대배경화가나 마술사들이 사람을 홀리는 효과를 내는 것도 바로 우리의 이런 천성의 허약함을 이용한 것이라네.

'사실입니다.'

다행하게도 측정(measuring), 계산(counting), 계량(weighing)의 방법이 발견되어 우리를 이런 어려움들에서 구출해 주었네. 그래서 우리는 크기, 양, 무게를 겉보기에 따라 가늠하는 것이 아니라 수(數)의 계산, 측정, 혹은 계량으로 정확히 파악할 수 있게 되었어.

'물론이지요.'

그런데 이 계산은 우리 정신 속의 이성적 요소에 의해 행해지는 기능이지.

'맞습니다.'

한데, 측정의 결과, 한 물건이 다른 것보다 더 크거나 더 작거나 또는 같음이 판명되었을 때에도, 그 겉모습은 이런 결과와 정반대로 보이는 경우가 종종 있지.

'그렇습니다.'

그런데 우리는 우리 안의 동일한 부분이 동일한 시간에 동일한 것에 대해 서로 다른 견해를 갖는다는 것은 있을 수 없다고 말하지 않았던가?

'물론 그건 옳은 말이죠.'

그러므로 측정된 결과에 반대하는 정신의 부분과 그것에 동의하는 정신의 부분은 동일한 것이 아닐 걸세.

'아니죠.'

그렇지만 측정과 계산을 신뢰하는 부분은 우리 안의 부분 중에서 최상의 부분일 걸세.

'물론입니다.'

그리고 이것에 반대하는 부분은 우리 안에 있어서 열등한 부분일 거고.

'당연합니다.'

이런 결론을 내기 위해 화가 이야기를 했던 것이라네. 화가와 그 외 일체의 모방적 예술가들의 작품은 진리에서 멀리 떨어져 있어. 그리고 또 그것들과 관계를 맺는 우리 안의 부분들 역시 이성과는 멀리 떨어져 있지. 이 관계는 건전하지도 진실 되지도 못한 우애의 관계네.

'전적으로 그렇습니다.'

그러므로 모방의 예술(representative art)은 열등한 부모에서 나온 열등한 자식일세.

'그런 것 같습니다.'

시각 예술(visual arts)만 그러한가, 아니면 우리의 귀에 호소하는 예술, 즉 우리가 시(詩, poetry)라고 일컫는 것도 그러한가?

'시에도 역시 적용될 것 같습니다.'

드라마는 행위 하는 인간을 모방

회화에서 끌어낸 개연성에만 의존할 것이 아니라 드라마적 시(詩, dramatic poetry – 요즘의 연극)가 우리 정신의 어떤 부분에 호소하고 있는지를 고찰해 보세. 그리고 이 부분이 진정 가치가 있는 것인지 아닌지도 살펴보세.

'네, 그래야만 하겠지요.'

이렇게 한 번 생각해 보세. 드라마는 강제적이건 자발적이건 간에 행위 하는 인간들을 모방하네(drama represents human being in action). 이들은 이 행위를 훌륭하게 수행하기도 하고 혹은 잘못 수행하기도 하며, 거기서 괴로워하기도 하고 기뻐하기도 하네. 내가 정확하게 요약했나?

'그렇습니다.'

그런데 이런 경험 속에서 인간은 한결같은 마음의 상태에 있는가? 시각의 영역에서는(in the realm of vision) 동일한 대상들에 대한 견해가 서로 모순적이며 분쟁적이라는 것을 우리는 앞에서 보았지. 행위의 영역에서도(in the realm of action) 비슷한 분쟁과 내적인 싸움이 있지 않을까? 이건 질문할 필요조차 없는 문제네. 앞서의 논의에서 이미 우리는 정신이 이런 수많은 갈등들로 가득 차 있다는 것을 합의했으니 말일세.

'우리는 정확하게 의견의 일치를 보았지요.'

그래. 하지만, 그때 우리가 제외했던 걸 이제 다룰 필요가 있다고 생각되네.

'어떤 것인데요?'

훌륭한 사람은 아들을 잃는다거나 또는 가장 귀중히 여기는 것들 중에서 다른 어떤 걸 잃어도, 여느 사람들보다는 훨씬 차분하게 그 불운을 견디어 낸다고 우리는 말하지 않았던가?

'네, 그랬지요.'

이젠 이걸 검토해 보세나, 그는 아무런 슬픔을 느끼지 않아서인가, 아니면 슬픔에 대해 절도를 지킬 줄 알기 때문일까?

'두 번째 것이 진실에 가깝습니다.'

그렇다면 말해 보게. 그가 자신의 슬픔에 저항하고 싸우는 것이 그의 동료들이 볼 때에 더 그러겠는가, 아니면 혼자 고독하게 있을 때에 더 그러겠는가?

'다른 사람들이 지켜볼 때에 더 그럴 것이라 생각합니다.'

달리 말하면, 누군가 자기를 바라보고 자기의 말을 들을 때 부끄러워 감히 하지 못할 일을, 혼자 있을 때는 마음 놓고 한다는 것 아닌가.

'그렇습니다.'

이성(reason, logos)과 법칙(principle, nomos)은 억제를 요구하지만, 슬픔의 감정은 그를 비탄으로 몰고 가지 않는가?

'정말입니다.'

같은 사물에 대해 서로 상반되는 충동이 동시에 존재하는 것(simultaneous presence of opposite impulses about the same thing)을 보면 인간의 성질 안에는 두 개의 요소가 있다는 것을 알 수 있지.

'물론입니다.'

이 중에서 한쪽은 법이 인도하는 대로 따를 준비가 되어 있겠지.

'무슨 말씀입니까?'

아마도 관습과 법(custom and principle)은 불운에 처하여 서도 불평 없이 참을성 있게 견디는 것이 최선의 방법이라고 우리에게 말해 줄 것이네. 왜냐하면 이 불운이 전화위복이 되는지 아니면 정말 나쁘게 되는지는 아무도 알 수 없고, 불같이 화를 낸다고 해서 얻을 건 아무것도 없으며, 더구나 인간사(人間事) 중에서 크게 고심할 가치가 있는 것은 아무것도 없고, 게다가 비탄은 우리가 필요로 하는 도움을 얻는 데에 오히려 방해가 되기 때문이라네.

'우리가 필요로 하는 도움이란 게 뭐죠?'

숙고(熟考, deliberation)라네. 숙고는 이미 일어난 일에 대해 성찰하고, 주사위 던지기에서 그러하듯이, 이성이 최선의 것이라고 뽑은 행동을 하게 하는 것이네. 마치 넘어진 아이가 상처를 붙잡고 우는 데 시간을 보내듯 할 것이 아니라, 치료술을 배워 가능한 한 빨리 착오에서 벗어나는 방법을 익힘으로써, 슬픔이 아니라 치료에 의해 불운을 몰아내야 하네.

'그것이 불운에 대처하는 가장 좋은 방법입니다.'

우리 안의 최고의 부분은 이런 이성적 숙고(reasoning)를 따를 준비가 되어 있네.

'분명히 그렇습니다.'

그런데 우리 안의 다른 부분은 고통을 끈질기게 기억하고, 이를 탄식하는 일에 질리지도 않네. 이 부분을 우리는 비이성적(irrational)이고 게으르며, 비겁하다고 해야 하지 않겠는가?

'그래야겠지요.'

화가와 극작가의 유사성

우리 안의 이런 고집 센 부분은 많은 드라마틱한 모방에 재료를 제공하지만, 이성적인 부분과 그것의 한결같은 고

요함은 모방하기가 쉽지 않네. 그리고 모방되었더라도 이해하기가 쉽지 않아. 특히 극장에 모여든 온갖 부류의 사람들에게 있어서 그렇지. 그들에게 이것은 매우 낯선 경험이니까.

'전적으로 옳은 말씀입니다.'

그러니까 드라마 시인(dramatic poet - 극작가)은 당연히 이런 요소를 다루지 않을 것이며, 또 많은 사람 사이에서 명성을 얻으려면 이런 요소를 만족시키는데 그들의 재주를 사용하지도 않을 것이네. 오히려 그는 불안정하고 다루기 힘든 성격을 모방하는 게 훨씬 쉽다고 생각할 것이네.

'분명 그렇습니다.'

그럼 이제 시인을 데리고 와 화가 옆에 앉혀 놓는다고 해서 과히 잘못된 건 아니겠지. 그의 작품이 낮은 단계의 진리(low degree of truth)를 생산하고, 또 정신 속의 낮은 요소와 관계를 맺고 있다는 점에서 그도 화가와 비슷하네. 그래서 훌륭하게 다스려질 나라에 그를 받아들이지 않는 게 매우 정당하다는 것이 판명되었네. 왜냐하면 그는 이성을 훼손시키면서 정신 속의 낮은 부분들을 깨우고, 장려하고, 강화하기 때문이지. 그들에게 국가의 공직을 맡기는 것은 마치 가장 열악한 사람에게 권력과 정치적 지배력을 주어 더 훌륭한 사람들을 파괴하는 것과 같으이. 진리에서 멀리 떨어진 이미지들을 생산하는(creating images far removed from the truth) 드라마 시인들은 개인의 정신 속에 이 비슷한 나쁜 효과를 일으키네. 비이성적인 부분을 조장하여 큰 것과 작은 것도 구분하지 못하게 하고, 똑같은 물건을 어느 때는 크게 또 어느 때는 작게 생각하게 만드네.

'동의합니다.'

시에 대한 진짜 비난이 아직 남아 있네. 시는, 약간의 예외는 있지만, 아주 선량한 사람들까지도 부패시키는 힘이 있네.

'시가 그런 일을 한다면 정말 무서운 것이지요.'

들어보게. 만일 우리가 한 영웅의 고통과 비탄을 모방한 호메로스나 다른 어떤 비극 시인의 작품을 듣게 된다면, 우리는 그 비탄의 소리와 처연한 모습에 완전히 몰입하여 우리 자신을 내 맡긴 채 그 감정에 실려 갈 것이네. 그리고 이런 식으로 우리에게 강력한 영향을 미친 그 시인의 자질을 최대한 찬양할 것이네.

'네, 알고 있습니다.'

그러나 개인적으로 슬픈 일이 생길 때 우리는 정반대의 사태에 자부심을 느끼네. 즉 그것을 말없이 참아내는 능력을 남자다운 것으로 찬양하거든. 반면에 앞서 무대 위에서 우리가 칭찬했던 행태는 여성적인 것으로 치부하네.

'알고 있습니다.'

한데, 무대 위에서 볼 때는 찬양하면서 실제 생활 속에서 할 때는 부끄러워해야 된다는 것이 옳은 일인가? 불쾌함 대신 즐거움과 찬탄의 마음을 갖는다는 게 합당한 일이냐고?

'터무니없지요.'

특히 이런 식으로 생각해 본다면 말일세.

'어떤 식으로 말입니까?'

시는 인간의 본능적인 욕구에 영합

이런 걸 생각해 보면 되겠네. 시인은 우리의 본능적인 욕구를 어루만진다고. 개인적인 불운에 처했을 때 우리는 본능적인 욕구를 억제하지만, 실은 실컷 울고 마음껏 슬픔에 빠져들고자 하는 갈망은 그대로 남아 있는 것이네. 그런데 우리의 선량한 본성은 적당한 지성적 혹은 도덕적 훈련을 받지 못했는지라 이것이 타인의 불운이고 그것을 찬양하거나 동정하는 것이 하등 부끄러운 일이 아니라는 생각에 자신의 통제력을 잃고 감정에 마구 빠져 드는 것이네. 오히려 지나친 슬픔을 보이는 것이 좋은 일이라고까지 생각한다네. 게다가 거기서 얻는 즐거움을 순수한 덕이라고 보고, 시 전체를 비판하며 그것을 멀리 할 생각은 하지 않네. 남들의 불운을 즐기는 것이 필연적으로 자신들의 불운으로 바뀔 것임을 헤아린다는 것은 소수의 사람에게나 가능한 일이네. 남들의 불운 속에 자라서 힘이 세어진 이 동정심은 정작 자신의 불운에 당면해서는 억제하기가 쉽지 않을 걸세.

'더없는 진실입니다.'

웃음이나 동정에 대해서도 같은 논의가 적용되지 않겠는가? 실제 생활에서 자네가 직접 하기에는 부끄러운 농담이 무대 위에 올랐을 때는 그 천박함을 불쾌해하기는커녕 마음 놓고 박장대소하지 않는가. 바보 같아 보일까 두려워 이성에 의해 억제했던 희극적 본능을 마음껏 풀어 주는 것이지. 그러나 극장에서의 저속한 취미는 알게 모르게 자네를 진짜 희극 배우로 만들어 줄지도 모르네.

'그럴지도 모르겠습니다.'

성욕이나 격정 그리고 우리의 모든 행동에 수반되는 욕구와 기쁨 및 고통의 감정을 모방한 시(詩)도 똑같은 효과를 가져 오네. 이 감정들은 말라죽게 내버려 두어야 마땅한데, 시는 이것들에 물을 주어 키워서 우리를 지배하게 만드네.

우리의 안녕과 행복을 위해서는 우리가 이것들을 지배하는 것이 바람직함에도 말일세.

'부인할 수 없습니다.'

시인은 추방되어야

그러니, 글라우콘! 호메로스를 그리스 국민의 교육자로 찬양하는 사람을 만나거든 우선 그 사람들을 훌륭한 사람이라고 칭찬해 주고, 또 호메로스는 가장 위대한 비극시인이라고 인정해 주게나. 그들은 인간사(人間事)와 교육에 있어서 우리가 평생 호메로스를 배우고 따라야 한다고 말할 것이네. 하지만, 나라 안에서 유일하게 허용되어야 할 시는 신에 대한 찬가와 영웅들에 대한 찬가뿐이라는 것을 염두에 두게. 일단 그 한계를 지나 달콤한 서정시 혹은 서사시를 받아들인다면 법과 이성적 원칙 대신 기쁨과 고통이 그대들의 통치자가 될 것이네.

'더 없이 진실 된 말씀입니다.'

시의 성질이 이러하므로 우리나라에서 시를 추방해야 한다는 우리의 논의는 정당했다는 것이 증명되었네. 그러나 우리가 투박하고 예의가 없다는 지탄을 받을지도 모르니,

철학과 시 사이에 오래된 불화(quarrel)가 있었다는 말을 덧붙여야겠네. '주인을 향해 멍멍 짖어대는 개'라든가, '머리텅 빈 바보들 사이에서의 명성'이라든가, '너무 많이 아는 자들의 무리', '시시콜콜 따지며 생각하는 자들', 그래서 '궁상맞은 자들' 등등 오랜 대립의 예문들이 많이 있네. 그런데도 만약에 즐거움을 위한 연극과 시가 제대로 된 사회에서 어떤 역할이 있다면, 어쨌든 우리로서는 반가이 받아들일 것인데, 이는 우리 자신이 그 매혹을 잘 알고 있기 때문이네. 그러나 진실을 버리는 것은 여하튼 나쁜 일이네. 여보게나! 자네도 이런 시에 의해 매혹되고 있지 않은가? 특히 호메로스의 시라면 말일세.

'실제로 그렇습니다.'

시가 즐거움만이 아니라
삶에 도움을 준다면 인정할 수 있다

그렇다면 서정에서건 혹은 운율에서건 자신을 잘 변론할 수만 있다면 시는 복권되어야 마땅하네.

'물론입니다.'

그러나 적어도 시의 옹호자들, 즉 자신들이 시를 짓는 사

람들은 아니지만 시를 사랑하는 사람들이 산문으로 시를 옹
호하고, 또 시가 즐거움만을 주는 것이 아니라 인간의 삶과
사회에 영속적인 이득을 준다는 것을 증명해야 된다고 생각
하네. 시에서 즐거움만이 아니라 이로움의 원천을 발견한
다면 우리는 시에 대해 호의를 갖게 될 걸세. 그렇게 되면
우리가 많은 이로움을 얻을 테니까.

'많은 이로움을 얻게 되겠지요.'

하지만 만약에 그렇게 하지 못한다면, 우리는 열정을 포
기하는 연인의 예를 따를 수밖에 없네. 훌륭한 사회 속에서
양육된 우리는 당연히 시를 사랑하네. 그것이 높은 가치와
진리를 가진 것으로 증명된다면 더 이상 바랄 것이 없지.
그러나 그런 증명이 이루어지지 않는다면 우리는 그런 시
를 듣게 될 때마다, 우리가 말하고 있는 이 주장을 우리 자
신에게 주문(呪文)삼아 암송함으로써, 그것에 대한 철없고
천박한 사랑에 빠지는 일이 없도록 조심할 걸세. 그런 시는
아무런 진지한 가치를 지니지 못했고, 진실도 아니므로, 우
리는 시의 감상자들에게 시가 자기 내면의 형성에 미칠 영
향을 두려워해야 하고, 또 시에 대해 우리가 앞에서 말한 견
해를 채택해야만 된다고 말할 것이네.

'전적으로 동의합니다.'

여보게 글라우콘! 사람이 선량해지는가 아니면 나빠지는가는 흔히 생각하기 보다 더 중차대한 것이네. 명예나 재물 권력 또는 시(詩) 같은 것에 유혹되어 올바름이나 그 밖의 모든 종류의 훌륭함에 무관심해져서는 안 되네.

'동의합니다. 선생님의 논의에 완전히 설득되었습니다. 아마 다른 모든 사람들도 그러하리라 생각합니다.'

『국가』 제 7권 동굴의 우화

플라톤의 동굴의 우화는 서양 철학사에서 가장 흥미로운 우화 중의 하나이다. 평생을 목과 발이 묶인 채 앞만 바라보고 있는 동굴 속 죄수들이 있다. 그들은 동굴 밖의 실제 세계는 알지 못하고 벽면에 지나가는 그림자를 실재(實在)로 알고 있다.

이 우화는 이데아 사상을 아주 쉽게 설명하는 효율적인 이미지이다. 동굴 안은 가시적인 현상의 세계를, 동굴 밖은 지성에 의해서만 알 수 있는 실재(實在)의 세계, 즉 이데아의 세계를 비유하고 있다.

그러나 한편 동굴 속 죄수들이 바로 우리 인간의 조건을 비유하고 있다는 점에서 여러 가지 해석을 가능케 해 준다. 혹자는 스쳐 지나가는 인생의 허무함을 느낄 것이고, 미디어 비평에 관심 있는 비판적 의식의 소유자라면 이미지를 실재로 착각하는 현대인의 몽매(蒙昧)성을 걱정할 것이며, 미디어 아트에 민감한 젊은 예술가라면 그 옛날의 플라톤이 이미 예견한 이미지 현상에 놀랄 것이다.

영화 〈매트릭스〉는 동굴의 우화의 디지털 버전이다. 인간을 하나의 거대한 건전지로 만들어 놓은 로봇들은 더욱 많은 에너지를 효율적으로 얻기 위해 모든 인간들의 정신을 매트릭스라는 가상현실 프로그램에 가둬 효과적으로 통제한다. 사람들이 걸어 다니고 생활하는 것은 단지 머릿속 가상현실 속에서 일뿐 실제로 그들은 기계에 코드가 꽂힌 채 꼼짝 못하고 앞만 바라보고 있다. 그들이 현실이라고 믿고 있는 것은 실은 허깨비의 그림자 세계에 불과하다. 우리가 살고 있는 현실도 실은 이와 같은 가상의 세계가 아닐까. 이 매트릭스적 사유가 오늘날 무수한 영화와 소설의 주제로 변주되면서 현대인의 불안한 감수성을 사로잡고 있다. 디지털 기술이 유발한 최첨단의 메마른 감수성이 플라톤의 동굴에서 발원하고 있다는 것에 우리는 전율을 금할 수 없다.

다시 플라톤의 시대로 돌아가, 이 우화는 엘리트 교육의 메시지를 담고 있다. 미래의 지도자가 될 젊은이는 우매한 백성들의 캄캄한 동굴을 벗어나 참된 인식의 밝은 빛으로 나아가야 한다는 것이다. 그러나 진리의 빛 속에서 유유자적만 할 것이 아니라 다시 동굴로 내려가 자신의 노고와 명예를 죄수들과 함께 나누어야 한다고 플라톤은 말한다. 일종의 노블레스 오블리주의 당위성을 제시하고 있는데, 노자(老子) 도덕경(道德經)의 화기광(和其光) 동기진(同其塵)을 연상시키는 대목이다. '화기광 동기진'은 도(道)를 깨우친 사람이 그 빛과 조화를 이루며 행복하게 살지만 동시에 먼지 많은 아래로 내려가 티끌과 함께 해야 한다는 뜻이다. 노자는 BC 5〜4세기, 플라톤은 BC 4〜3세기에 동서양으로 멀리 떨어져 살았던 인물들인데, 이처럼 같은 이야기를 하고 있다는 것이 신기하다.

이성과 인식에 최고의 가치를 부여하고 환상을 인간 정신의 가장 하위 단계라고 폄하했던 플라톤이 가상의 동굴로 우리를 인도하는 것도 참으로 아이러니가 아닐 수 없다. 가짜의 모방으로 순진한 사람들을 속인다고 화가들을 그토록 비난했던 그 자신이 동굴 속 죄수라는 가상의 상황을 우리에게 제시하고 있으니 말이다. 상상이란 예술에 있어서만이 아니라 이성을 중시하는 철학에서도 필수불가결의 정신적 능력임을 플라톤 자신이 입증했다고나 할까?

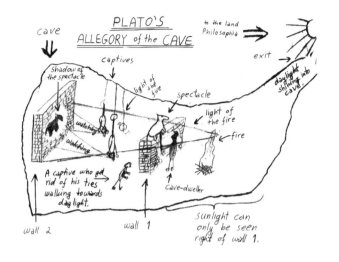

우리 인간들은 동굴 속 죄수들

　그러면 인간 조건에 대한 계몽(enlightenment)과 무지(ignorance)를 그림처럼 묘사해 보겠네. 이를테면, 동굴 같은 지하 거처를 생각해 보게. 햇빛이 들어오는 쪽으로 길게 난 입구가 그대로 전체 동굴의 너비이네. 이 안에서 어릴 적부터 사지와 목을 결박당한 채 머리를 뒤로 돌릴 수도 없이 오로지 앞만 보도록 되어 있는 상태로 갇혀 있는 사람들을 상상해 보게. 이들의 뒤쪽으로 좀 높이 멀리에서 불이 타오르고 있네. 그리고 이 불과 죄수들 사이에 길이 하나 나 있어. 죄수들 앞에는 담이 하나 세워져 있는데, 흡사 인형 극 관객 앞에 놓인 장막과도 같네.

불 앞의 길을 따라 사람들이 온갖 물품들, 그리고 돌이나 나무 또는 그 밖의 온갖 재료로 만들어진 인물상(像) 및 동물상들을 들고 지나간다고 상상해 보게나. 이것들을 쳐들고 지나가는 사람들 중에 어떤 이들은 소리 내어 말을 하고, 또 어떤 이들은 잠자코 있겠지.

'기괴한 그림이고, 기괴한 죄수들이군요.'

바로 우리 인생을 그린 것일세. 이 사람들이 불로 인해서 자기들의 맞은편 벽면에 투영되는 그림자들 외에 자기들 자신이나 혹은 자신의 동료 인간들을 본 일이 있을 것이라고 자네는 생각하는가?

'평생 머리조차 움직이지 못하도록 강제 당했다면, 그들은 아무것도 볼 수 없겠지요.'

그럼 길에서 운반되는 것들에 대해서는 어떻겠는가? 이역시 마찬가지 아니겠는가?

'물론입니다.'

만일 이들이 서로 대화를 할 수 있다면, 이들은 자신들이 벽면에서 보는 것들을 실물이라고 생각하지 않겠는가?

'당연히 그렇겠지요.'

그러면 이 감옥의 맞은편 벽에서 소리가 난다면 어떻겠는가? 지나가는 자들 중에서 누군가가 소리를 낼 경우에, 그 소리를 내는 것이 지나가는 그림자라고 그들이 믿지 않겠는가?

'그렇게 생각하겠지요.'

그러니까 이 사람들은 그 그림자들(shadows)을 완전히 진실(whole truth)이라고 생각하겠지.

'물론이지요.'

그러면 생각해 보게. 만약에 이들이 결박에서 풀려나고 현혹에서 벗어나게 되면 어떤 일이 벌어질까. 가령 이들 중에서 누군가가 풀려나서는, 갑자기 일어서서 목을 돌리고 걸어가 그 불빛 쪽으로 쳐다보도록 강요당할 경우, 그는 이 모든 걸 고통스러워하지 않을까. 또 전에 그 그림자들만 보았을 뿐인 실물들은 눈부심 때문에 제대로 볼 수도 없지 않을까. 만약에 누군가가 이 사람에게, 전에는 엉터리를 보았지만, 이제는 실재(reality)에 좀은 더 가까이 와 있고 또 더욱 옳게 보게 되었다고 한다면, 더군다나 지나가는 것들 각각을 그에게 가리켜 보이며 그것이 무엇인지를 묻고서는 대답하도록 강요한다면, 그가 무슨 말을 할 것으로 생각하는가? 그는 당혹해 하며, 앞서 보게 된 것들을 방금 지적받은 것들보다도 더 진실된 것들로 믿을 것이라 생각하지 않는가?

'네, 훨씬 더 진실된 것들로 믿겠지요.'

또한, 만약에 그로 하여금 그 불빛 자체를 보도록 강요한다면, 그는 눈이 아파서, 자신이 바라볼 수 있는 것들로 향해 달아날 뿐만 아니라 이것들이 방금 바라본 것들보다 더 명확한 것들이라고 믿지 않겠는가?

'그럴 겁니다.'

그러나, 만약에 누군가가 그를 이곳으로부터 험하고 가파른 오르막길을 통해 억지로 끌고 간다면, 그래서 그를 햇빛 속으로 끌어내 올 때까지 놓아 주지 않는다면, 그는 고통스러워하며 또한 자신이 끌리어 온데 대해 짜증을 내지 않겠는가? 그래서 그가 빛에 이르게 되면, 그의 눈은 광휘로 가득 차서, 이제는 실제의 물건들이라고 하는 것들 중의 어느 것 하나도 볼 수 없게 되지 않겠는가?

'적어도 당장에는 볼 수 없겠죠.'

동굴 밖 저 높은 세계의 것들을 보게 되려면, 그는 우선 빛에 익숙해져야 할 것이네. 처음에는 그림자들을 보는 게 제일 쉽고, 다음에는 물에 비친 사람들이나 또는 다른 것들의 상(eikon)들을 보게 될 것이며, 실물들은 그런 다음에야

보게 될 걸세. 또한 이것들에서 더 나아가, 밤에 하늘을 봄으로써 낮에 해와 햇빛을 관찰하는 것보다 더 쉽게 별빛과 달빛을 관찰하게 될 걸세.

'물론이지요.'

마지막으로 그는 해를, 물이나 다른 어떤 것의 그림자로서가 아니라 있는 그대로 직접 볼 수 있게 될 것일세.

'그게 제일 마지막 할 일이겠지요.'

이어서 그는, 가시적(可視的) 세계 안에서 계절과 세월의 변화를 일으키고 모든 것을 관장하는 것이 태양이라는 결론에 이르게 될 걸세. 또한 어느 면에서는 그와 그의 동료 죄수들이 보았던 모든 것의 원인 역시 태양이라는 것을 알게 될 걸세.

'그렇겠지요.'

어떤가? 이 사람이 만일 자신의 최초의 거처와, 동료 죄수들과, 그곳에서 지혜(wisdom)라고 여겨지던 것들을 생각한다면 자신의 행운에 고마움을 느끼면서, 그들을 불쌍히 여길 것이라고 생각되지 않는가?

'그럴 것 같습니다.'

아마도 그 동굴에서는, 앞의 벽면에 지나가는 그림자들을 예리하게 관찰하고 그 순서를 기억하고 있다가 앞으로 어떤 것이 지나갈 지를 예측하는 사람이 있었겠지. 그에게 온갖 명예와 상이 주어졌겠지. 그런데 그 감옥에서 풀려난 우리의 주인공이 그 상(償)을 부러워하고, 그들이 가진 권력 혹은 명예를 선망할 것으로 생각되는가? 오히려 그는 호메로스가 말했듯이, '땅뙈기조차 없는 집의 농노가 되어 머슴살이를'(a serf in the house of some landless man) 하느니 당당하게 자기 의견(opinions)을 가지고 자신의 삶을 살려 하지 않겠는가?

'네, 그런 식의 삶만 아니라면 모든 게 좋다고 생각할 겁니다.'

그러면 이 점 또한 생각해 보게. 만약에 이런 사람이 다시 동굴로 내려가서 이전의 같은 자리에 앉는다면, 그는 갑작스러운 어둠으로 눈이 캄캄해 지지 않겠는가?

'물론 그럴 겁니다.'

만약에 그가 줄곧 그곳에서 죄수 상태로 있던 그들과 그림자들을 판별하는 경합을 벌이도록 요구받는다면, 그것도 눈이 어둠에 익숙해지기도 전에 그런 요구를 받는다면, 그는 사람들로부터 조롱을 당하지 않겠는가? 그러면 사람들은, 그가 위로 올라가더니 눈을 버려 가지고 왔다고 하면서, 올라가려고 굳이 애쓸 필요가 없다는 말을 하지 않겠는가? 그래서 자기들을 풀어 주어 위로 인도해 가려는 사람을 자신들의 손으로 붙잡아 죽여 버리려 하지 않겠는가?

'그렇게 할 것 같습니다.'

그러면, 이 전체 비유(simile)를 앞서 언급된 것들에다 적용시켜야만 하네. 우리의 눈으로 바라보는 이 세계(the realm revealed by sight)는 바로 동굴 속 감옥과 같고, 감옥 안의 불빛은 태양의 힘을 비유하는 것이네. 그리고 높은 곳으로 올라가(ascent into the upper world) 그 곳에 있는 사물들을 바라보는 것은 정신이 가지적(可知的) 영역으로 들어가는 과정(progress of the mind into the intelligible region)과 같은 것일세. 이것의 진실은 신만이 알고 있네. 내 생각에, 각고의 노력 끝에 가지적 영역에서 인식해야할 최종적인 것은 선(善)의 형상(the form of the good)이야. 일단 이것을 본 다음에는, 이것이 모든 옳고 가치 있는 것의 원인이라는 추론이 가능해 지네. 가시적 영역에서는 빛과 빛의 근원을 낳고, 가지적 영역에서는 진리의 근원과 지성을 관장하네. 장차 사적으로나 공적으로 슬기롭게 행하고자 하는 자는 반드시 이것을 보아야만 하네.

'동의합니다.'

자 그러면 이 점에 대해서도 의견을 같이하여, 놀라는 일이 없도록 하게. 즉 이 경지에 이른 사람들은 인간사에 마음 쓰고 싶어 하지 않고, 이들의 정신은 언제나 높은 곳에서 지내기를 열망한다는 사실 말일세.

'물론 그럴 겁니다.'

대중들에게 이해받지 못하는 고귀한 인간

그러면 다음은 어떤가? 자네는 이런 걸 놀라운 일로 생각하겠는가? 가령 누군가가 신적인 명상을 하다가 인간 세상으로 내려온다면, 이 세상의 병고(病故)가 그로 하여금 온갖 실수를 하게 하여 그를 바보로 만들지 않겠는가? 더구나 주위의 어둠에 충분히 익숙해지기도 전이어서 아직 제대로 보지도 못하는 상태인데, 법정이나 또는 다른 곳에서 '올바름'의 그림자들 또는 이 그림자들을 생기게 하는 상(像)들과 관련하여(about the shadows of justice or the figures of which they are shadows) 소송이라도 하게 되면, 그리고 '올바름 자체'(justice itself)를 결코 본 적이 없는 사람들에 의해 만들어진 올바름의 개념을 놓고 논쟁이라도 하게 된다면, 그는 몹시 우스꽝스러운 모습이 되어 사람들의 조롱거리가 되지 않을까?

'전혀 놀라운 일이 아니지요.'

그러나 지각 있는 사람이라면, 눈이 일시적으로 보이지 않게 되는 것에는 두 가지 방식이 있다는 것, 즉 빛에서 어둠으로 옮겼을 때와 어둠에서 빛으로 옮겼을 때에 일어난다는 것을 기억할 걸세. 그리고 같은 일이 정신의 경우에도 적용된다는 걸 깨닫게 될 걸세. 그래서 정신이 혼미하여 뭘 알아볼 수 없게 되는 경우를 당하더라도, 생각 없이 웃는 대신, 이 정신이 한결 밝은 곳에서 왔기 때문에 미처 어둠에 익숙하지 못하여 당황해 하는 것인지, 아니면 한결 심한 무지의 상태에서 도망쳐 한결 강한 밝음으로 나왔기 때문에 그 빛에 눈부셔하는 것인지를 스스로 자문해 볼 것일세. 한쪽은 축복할 일이로되, 다른 한쪽은 불쌍한 것이지.

'아주 적절하신 말씀입니다.'

이것이 바로 각자의 정신(mind) 안에 들어 있는 능력(capacity)이네. 그런데 우리가 뭔가를 배울 때 사용하는 기관(器官, organ)은 눈과 같아서, 이를테면 눈이 어둠에서 밝음으로 향하려면 몸 전체와 함께 눈을 돌리지 않고서는 불가능하듯이, 정신도 실재(reality), 그 중에서도 가장 밝은 실재에 곧장 도달하기 위해서는 변화하는 세계(world of change)에서 완전히 몸을 돌려야 하네. 가장 밝은 실재(the brightest of all realities)가 다름 아닌 선(善, the good)이 아니겠는가.

'네.'

철인 정치가

그러니까 나라의 수립자들인 우리의 할 일은 가장 훌륭한 자질을 지닌 자들(the best minds)로 하여금 앞서 우리가 인식의 가장 높은 형식(the highest form of knowledge)이라고 불렀던 배움에 이르도록, 그리하여 선(善)을 볼 수 있게끔 해주어야 하네. 그리고 그들이 일단 이 과업을 이루어 모든 것을 밝게 볼 수 있게 되었을 때 그들이 지금 허용 받고 있는 행동을 더 이상 하지 않도록 해야 되네.

'지금 허용되는 행동이란 게 뭐지요?'

위의 높은 세계에 머물러 있으려 할 뿐, 아래 동굴 속의 죄수들 곁으로 다시 내려가서 저들과 함께 노고와 명예를, 비록 하찮은 것이건 대단한 것이건 간에, 서로 나누어 가지려 하지 않는 것일세.

우리는 그들에게 이렇게 말할 것일세. 즉, 우리는 여러분 자신들을 위해서 그리고 여느 시민들을 위해서, 그대들을 마치 벌통 속의 여왕벌 같은 지도자로 양육했고, 여느 시민들보다 더 훌륭하고 완벽하게 교육을 했으므로, 그대들은 철학과 정치라는 두 개의 실천(the practice of philosophy and politics)을 그 누구보다 잘 결합할 수 있을 것이오. 그러므로 여러분은 번갈아 동굴로 내려가, 죄수들과 함께 살고, 또 어두운 것들을 보는 데 익숙해져야만 하오. 일단 익숙해지고 나면, 그곳 사람들보다 천 배는 더 잘 보게 될 것이며, 또 각각의 상(像, shadows)들이 도대체 무엇이고, 어떤 것들의 상들인지를 알게 될 것이오. 왜냐하면 여러분은 훌륭한 것들(admirable), 올바른 것들(just) 그리고 좋은 것들(good)의 진리를 이미 보았기 때문이오. 또한 이렇게 해서 우리와 여러분의 이 나라가 깨어 있게 될 것이며, 결코 오늘날 대부분의 나라들이 그렇듯이 꿈속을 헤매듯 혼미하게 경영되는 일은 없을 것이오.

'전적으로 그렇습니다.'

그럴진대 우리의 제자들이 이 말을 듣고서도 우리에게 불복하여, 저마다 번갈아 가며 국가 통치라는 힘든 일을 함께 나누려 하지 않고, 자기들끼리 대부분의 시간을 저 위의 맑은 공기 속에서만 보내려 할 것인가?

'있을 수 없는 일입니다. 우리는 올바른 사람들에게 올바른 것을 지시하고 있기 때문이죠. 현재의 통치자들과는 달리 그들은 국가 경영을 피할 수 없는 필연으로 받아들일 겁니다.'

여보게, 사실인즉 그러하이. 국가가 잘 통치되려면 미래의 지도자들에게 국가 통치 보다 더 행복한 삶의 방식을 알려 주어야 하네. 오직 그러할 때만 자네들은 참으로 부유한 자들에 의해 통치되는 나라를 가질 수 있는데, 이 때 부유한 자들이란 결코 황금으로 부유한 자들이 아니라 선하고 올바른 행복으로 부유한(of the true happiness of a good and rational life) 자들이네. 그러나 개인적 만족감이 없는 가난뱅이들(men whose life is impoverished and destitute of personal satisfactions)이 공직에 진출하면, 그들의 희망은 오로지 그들의 정치적 무능성을 보상할 어떤 대가를 낚아채는 데 있을 것이므로 그 나라는 결코 훌륭한 나라가 될 수 없네. 그들은 권력을 쟁취하기 위해 싸울 것이고, 온 나라가 갈등 속에 휘말려 그들과 사회 전체를 망치게 될 것일세.

'더 없이 진실된 말씀입니다.'

정치적인 관직을 하찮게 보는 사람이 참된 철학자 이외에 누가 있다고 생각하는가?

'단연코 없습니다.'

그러나 실은 권력을 좋아하지 않는 사람들이 권력을 가져야만 하네(what we need is that the only men to get power should be men who do not love it). 만약에 그러지 않을 경우, 경쟁자들의 싸움이 끊이지 않을 것일세.

진정한 학문에서 제외된 체육, 음악, 시문학

정신은 일종의 황혼에서 환한 대낮으로 가는 것과 같은 전환을 이루어야(conversion of the mind from a kind of twilight to the true day) 하는데, 이와 같은 실재로의 등반(登攀)(climb up into reality)이 다름 아닌 진정한 철학이네.

'그렇고 말고요.'

그렇다면 교과들 중에서 어느 교과목이 이런 힘을 지니고 있는지 생각해보아야 하지 않겠는가?

'그래야겠지요.'

변화하는 세계에서 우리의 정신을 끌어내 실재의 세계로 데리고 가는(if their minds are to be drawn from the world of change to reality) 교과는 무엇이겠는가? 우리는 이미 그들에게 체육 훈련을 시켰고, 문학과 음악을 교육했네.

'그랬습니다.'

그런데 이 둘 중에서 체육은 변화하고 썩어 없어지는 것과 관련이 있지(physical training is concerned with the world of change and decays). 왜냐하면 이것이 보살피는 신체에는 성장과 감퇴가 있기 때문이야(for the body, which it looks after, grows and declines).

'그런 것 같습니다.'

이는 우리가 찾고 있는 교과가 분명히 아닐 것이네.

'확실히 아닙니다.'

이를테면 실용, 지성, 학문을 막론하고 모든 직업에 종사하는 사람들이 반드시 배워야 하는 것이 하나 있네.

'그게 어떤 건가요?'

아주 평범한 거야. 하나와 둘 그리고 셋을 구별하는 것. 요컨대 셈(count)과 계산(calculate)일세. 모든 실용적 혹은 학문적 활동들은 이런 것을 할 수 있어야 하지 않을까?

'그래야 되겠지요.'

생각을 필요로 하는 인식과 감각만으로 충분한 인식

기하학 같은 교과는 우리를 사유(thought)로 인도하네. 자네도 알겠지만, 우리의 인식 중에는 생각을 더 이상 필요로 하지 않는 것들이 있네(there are some perceptions which don't call for any further exercise of thought). 왜냐하면 감각만으로 정확한 판단을 내릴 수 있기 때문이지(because sensation can judge them adequately).

그러나 감각은 믿을만한 결과를 주지 않으므로(because sensation cannot give a trustworthy result) 생각의 개입을 요구하는 경우들이 있네(which demand the exercise of thought).

'멀리 있는 대상이나, 혹은 원근법적으로 그려진 그림들을(things seen at a distance, or drawn in perspective) 말씀하시는군요.'

아니야, 자넨 내 말을 이해하지 못했네.

'그렇다면 무슨 말씀인지?'

생각을 요구하지 않는 인식이란 서로 대립되는 인식을 동시에 제공하지 않는 인식일세. (By perception that don't call for thought I mean those that don't simultaneously issue in a contrary perception). 감각만으로 서로 반대 되는 두 개의 것을 구별하기 애매할 때 (sensation is ambiguous between two contraries) 인식은 생각을 요구하네. 다음과 같은 예를 들면 이해가 쉬울까. 자, 여기 세 개의 손가락이 있네. 가운데 손가락, 세 번째 손가락, 그리고 제일 작은손가락(the middte, third and little one).

'네.'

이것들 각각은 똑같이 손가락으로 보이네. 그것이 가운데에 있건 양쪽 끝에 있건, 혹은 흰색이건 검정이건 간에, 또는 도톰하건 가늘건 간에 아무 상관이 없네. 이 경우 누구도 손가락이 무엇인지를 더 이상 물을 필요가 없네. 왜냐하면 시각은 어느 단계에서도 손가락을 손가락 아닌 것으로 제시한 적이 없으니까 말일세.

'그런 적이 없지요.'

그렇다면 이 인식은 결코 생각을 불러일으키거나, 일깨우지 않을 걸세.

'그렇지요.'

그러면 손가락의 크기에 대해서는 어떨까? 시각은 손가락의 크고 작음을 정확하게 구별할 수 있는가? 그것이 첫번째 손가락이냐 아니면 가운데 손가락이냐가 중요한 것일까? 그리고 촉각은 도톰함과 가늘기 또는 부드러움과 단단함을 판별할 수 있을까? 사실상 모든 감각은 그와 같은 성질을 인식하기에 부족한 것이 아닌가? 예를 들어 딱딱함을 관장하는 촉각은 부드러움에도 역시 관여하므로, 이 대상은 딱딱하면서 동시에 부드럽다고 정신에게 보고하지 않겠는가?

'그렇습니다.'

감각이 동일한 것을 딱딱하면서 동시에 부드러운 것으로 보고한다면, 도대체 딱딱함이 무엇을 의미하는지 정신은 이해하기 힘들 것이네. 가벼움과 무거움에 대해서도 마찬가지야.

'아닌게 아니라 그럴 것 같습니다. 이런 식의 메시지는 정신을 혼미하게 만들 뿐이죠. 좀 더 조사가 필요할 것 같습니다.'

이 경우 정신은 추론과 사고(reasoning and thought)를 불러들여, 자기에게 보고된 대상이 하나인지 아니면 둘인지를 조사하려 할 것이네.

'그렇겠지요.'

만일 그것이 둘이라는 답이 돌아오면 그 각각은 서로 다른 두 개의 실체가 아니겠는가?

'네.'

한데, 만일 그것이 서로 다른 별 개의 실체이고, 합쳐서

둘이 된다면 정신은 서로 다른 별개의 두 실체를 인식할 것이네. 또, 만일 그것들이 분리된 것이 아니라면 정신은 둘이 아니라 하나를 인식할 테고.

'옳습니다.'

그런데 시각은 크고 작음을 서로 분리된 것이 아니라 한데 섞여 있는 것으로 인식한다고 우리는 아까 말했네.

'그렇습니다.'

이것을 분명히 하기 위해 생각은 큼과 작음을 서로 다른 성질로 보려 할 걸세. 그러니까 감각과는 정반대 방향의 접근이지.

'옳은 말씀입니다.'

이쯤에서 크다는 것은 도대체 무엇이고, 또 작다는 것은 무엇인지의 문제가 대두되네.

'전적으로 그렇습니다.'

우리가 가지적(可知的)인 것(the intelligible)과 가시적(可視的)인 것(the visible)이라는 용어를 사용하게 된 이유가 바로 이것이네.

'맞는 말씀입니다.'

내가 방금 말하려던 것이 바로 이것이네. 즉 우리의 감각이 서로 상반되는 두 개의 인상을 받았을 때 우리는 이성을 사용하도록 촉구된다고 말했었지. 그러나 그렇지 않은 경우에는 사고(思考)를 일깨워야할 이유가 전혀 없다고 했어.

'이제는 알겠습니다. 완전히 동의합니다.'

기하학과 변증술 그리고 선분의 도표

기하학적 지식의 대상(geometry)은 영원한 것일세, 그것은 변화하거나 썩어 없어지는 것이 아니야(eternal and not liable to change and decay). 그러니까 그것은 정신을 진리로 이끄는 것이며, 지금 우리가 옳지 않게 아래로 향하고 있는 철학적인 추론을 위쪽으로 직접 향하도록 만들어 주는 것이네. 그러니 우리의 '아름다운 나라'의 시민들이 기하학을 소홀히 하는 일이 없도록 요구해야만하네.

정신의 눈이 무지의 늪에 빠졌을 때 변증술은 부드럽게 이것을 끌어내 기하학 같은 학문들을 사용하면서 이것을 위로 인도하네. 이런 학문들을 우리는 흔히 인식(knowledge)의 한 가지로 간주했지만, 그러나 진짜 이름이 필요하네. 그것은 견해(opinion) 보다는 더 명료하고, 인식보다는 한 단계 낮은 것이지.

그렇다면 앞서처럼 4개의 선분(線分)을 순서에 따라 순

수 사유(pure thought), 이성(reason), 믿음(belief), 환영(il-
lusion)으로 불러 보세. 뒤의 둘을 합쳐 견해(opinion : doxa)
로, 앞의 둘을 합쳐 인식(knowledge, noesis)으로 분류하겠
네. 견해는 생성의 세계(world of becoming)에 관련된 것이
고, 인식은 실재의 세계와 관련이 있네.

(인식) Knowledge : noesis		(견해) Opinion : doxa	
실재의 세계		생성의 세계	
A 순수 사유 Pure thought episteme	B 이성 Reason dianoia	C 믿음 Belief pistis	D 환영 Illusion eistasia

『국가』 제6권 선분(線分)을 통한 이데아의 설명

한 사진작가는 가림막으로 가려진 비현실적 모습의 건물 사진을 주로 찍으면서 '진짜'와 '환영(幻影)'의 차이, '현실'과 '가상'의 의미를 관객들에게 묻는다. 프랑스의 사회학자 보드리야르는 실재보다 더 실재 같은 이미지를 하이퍼리얼이라 명명하고, 이제 더 이상 현실과 가상의 구분은 무의미하다고 말한다. 디지털 시대인 현대 사회에서 현실과 가상의 문제는 이처럼 모든 인문학과 예술의 중심 화두로 떠올랐다. 이 새로운 트렌드의 원형이 바로 플라톤의 이데아 사상이다.

플라톤에게서 원본과 복제, 다시 말해 실재와 가상의 관계는 중층적(重層的)이다. 우리가 살고 있는 일상적 현실 속에서의 실재와 가상, 그리고 우리의 현실 전체와 그것을 초월하는 어떤 세계, 이렇게 두 겹의 가상현실이 겹쳐져 있는데, 그 겹쳐진 부분은 다름 아닌 우리의 현상적 현실이다. 더 설명해 보자. 우선 우리가 살고 있는 감각의 세계는 식물 동물 또는 인공물 같은 실제의 사물들과, 그것이 물의 표면이나 거울에 비친 것 같은 이미지(그림자 혹은 반사)들로 양분된다. 이 실제의 사물들의 세계를 편의상 현실이라고 부르자. 그러면 현실과 이미지의 관계는 원본과 복제의 관계가 된다. 현실 속의 '나'가 원본이고 거울 속의 '나'는 복제이며. 또 현실 속의 건물은 원본인데, 그것의 사진은 복제이다.

그러나 다른 한편으로 생각하면 우리가 살고 있는 이 현실 세계는 그 전체가 어떤 실재 세계의 그림자에 불과할지도 모른다. 플라톤은 그 실재의 세계를 이데아의 세계라고 했다. 그렇다면 이데아계는 우리의 현실 전체를 이미지로 삼는다는 이야기가 된다. 우리의 현실 전체는 거울 속 세계가 되고, 그 원본인 실재는 우리 눈에 보이지 않는 저 높은 이데아의 하늘에 있게 되는 것이다. 다시 말하면 우리가 실재라고 생각하는 현실 속의 실제 사물들(phenomenon)이 한갓 복사본인 이미지가 되고, 이데아계의 형상들(the Form)이 그 원본이 되는 것이다.

그러니까 이미지-현실-실재라는 3항 구조에서 현실은 이미지의 원본이고 동시에 실재의 이미지가 되기도 한다. 우리가 위에서 중층적 관계라고 불렀던 것이 바로 이것을 의미한다.

그렇다면 우리의 인식 앞에는 차원이 다른 2개의 영역이 있다. 첫 번째 영역은 현실이고 두 번째 영역은 이데아의 세계이다. 현실은 다시 두 영역으로 나뉜다. 즉 우리가 일상적으로 보고 만지는 현실 속의 경험적인 대상들이 그 하나이고, 그것들을 사진이나 동영상으로 찍은 이미지가 다른 하나이다. 이번에는 이데아의 영역이다. 이 영역도 다시 두 개의 영역으로 나뉜다. 모든 실재의 형상들이 있는 이데아의 세계와 그 본질의 세계를 현실 속에서 비추고 있는 기하학적 도형 같은 학문의 세계이다.

현실 속의 감각적 대상들을 인식하는 우리의 정신 자세는 믿음이다. 눈에 보이고, 손에 만져지니 확실한 존재다,라는 확신을 우리는 갖고 있다.

감각적 대상들을 사진으로 찍거나 그림으로 그린 이미지들은, 비록 실재와 비슷하기는 하지만 가짜이므로, 환영(幻影, illusion)에 불과하다. 영화, 미술, 문학이 다 이 영역에 속한다. 플라톤이 경멸해 마지않았던, 모방의 모방이다.

한편 이데아의 세계는 감각으로는 이해할 수 없고, 우리의 지성(intelligence)을 이용해야만 한다. 기하학이나 수학 같은 학문을 인식할 때 우리는 이성(reason)을 작동시킨다.

그러므로 인식의 대상을 가장 고귀한 것에서부터 차례로 순서를 매겨보면 이데아, 학문, 현상계의 대상들, 그리고 이미지 이렇게 네 가지가 되며, 거기에 걸 맞는 정신 상태는 지성(intelligence), 이성(reason), 신념(belief), 환영(illusion) 등이다. 지성을 통해서는 참된 인식(knowledge)을 얻고, 신념을 통해서는 견해(opinion)를 갖게 된다. 플라톤이 doxa라고 불렀던 이 견해는 참된 인식에서는 한참 떨어져 있는 낮은 단계의 인식이다.

플라톤은 『국가』 6권에서 이와 같은 도형의 선분(線分)을 통해 이데아의 세계와 감각의 세계를 설명한 후 그것을 더 자세히 제시하기 위해 『국가』 7권에서 동굴의 우화를 도입했다. 우리는 독자가 좀 더 쉽게 접근할 수 있도록 원전의 순서를 뒤바꿔 놓는 역순의 편집을 했다. 이미지를 통한 설명이 언어를 통한 설명 보다 더 쉽기 때문이다.

이데아 중의 으뜸은 선의 이데아

최고의 지식(the highest form of knowledge)은 선(善)의 이데아를 아는 것(knowledge of the form of the good)이네. 바로 이 이데아에서부터 올바른 것 혹은 그 밖의 다른 모든

것들이 그 유용성과 가치(their usefulness and value)를 끌어 낸다네. 이 이데아에 대한 우리의 지식은 불충분해. 그런데 우리가 만일 이것을 모른다면, 우리의 나머지 지식들은, 제아무리 완벽하다 해도, 우리에게 아무 도움이 되지 않네 (can be of no benefit to us).

다수성은 감각적 세계의 성질, 유일성은 이데아계의 특징

우리는 많은 개별적인 사물들을 아름답다, 좋다, 라고 말하면서, 우리의 판단에 따라 그것들을 서로 구별하네. 그런가 하면 비슷한 것들 다수를 한데 묶어 각기 세트를 만들어 놓고는 그것들을 아름다운 것 자체, 혹은 좋은 것 자체와 비교하고 있지. 반대로 세상에 하나밖에 없는 유일한 것은 '정말로 그러한 것'(what really is)이라고 말해.

개별적인 사물들(the particulars)은 우리 눈에 보이는 대상(objects of sight)일 뿐 지성으로 이해되는 대상이 아니네 (not of intelligence). 그러나 이데아들(forms)은 눈에 보이는 대상이 아니라 지성으로만 이해되는 대상이라네.

시각과 빛

우리는 시각을 통해 보고, 청각을 통해 들으며, 그 밖의 감각으로 지각될 수 있는 것들은 모두 또 다른 감각기관으로 지각한다네. 우리 감각들의 설계자가 우리에게 시각의 기능을 주고 사물들을 가시적으로 만들어 주는데 있어서 얼마나 낭비적으로 했는지 생각해 본 적 있나. 듣기와 소리 (hearing and sound)는 한쪽이 듣고 다른 쪽이 들리게 되려면 다른 부류의 것을 추가로 요하지 않네. 즉 제3의 것으로서 이것이 없으면 한쪽은 듣지를 못하게 되고, 다른 쪽은 들리지 않게 될 그런 것이 없다는 말이지.

그러나 눈이 보는 능력을 가지고 있고, 그 소유자가 이 능력을 사용하려 하면, 비록 사물들이 색깔을 가지고 있다 해도, 이 목적에 특별하게 부합되는 자연의 제3의 요소가 없으면, 그는 아무것도 보지 못해. 물론 색깔들도 보이지 않게 되지. 이 제3의 요소를 우리는 '빛'이라 부르네. 그러니까 '보는' 감각과 사물들의 가시성은 그 둘 보다 더 중요한 연결 고리에 의해 연결되어 있는데, 그게 바로 빛이네.

감각의 세계에서 태양이 하는 역할을
이데아의 세계에서는 선이 하고 있어

그러면 하늘에 있는 신(神)들(heavenly bodies) 중에서 어느 신을 빛의 주인으로 내세울 수 있을까? 즉 어느 신의 빛이 우리의 시각으로 하여금 최대한으로 잘 보게끔 하며, 또한 보이는 것들이 최대한으로 잘 보이게끔 할까? 그것은 태양이네. 시각 자체도, 그리고 시각이 그 속에 있게 되는 것, 즉 우리가 눈이라 일컫는 바로 그것도 태양은 아닐세. 그러나 눈은 감각과 관련되는 기관들 중에서는 어쨌든 태양을 가장 많이 닮았네. 그런데 눈은 자기가 갖는 이 힘 또한 태양에서, 마치 넘쳐흐르는 것을 받듯 분배받아 갖지 않겠는가? 태양은 시력 자체가 아니고 시력의 원인이야. 그리고 자기가 원인을 제공한 시력에 의해 보여지지.

그러니까 태양은 소위 '선(善)'의 자식이야. 선이 자신과 유비(類比, analogon) 관계에 있는 것으로서 이것을 만들었다고 생각하면 되네. 태양이 '가시적(可視的) 영역'에서 '시각'과 '시각의 대상' 사이에서 하는 역할을 선은 가지적(可知的) 영역에서 지성과 그 대상 사이에서 하고 있어. 태양은 보이는 것들에 '보임'의 '힘'을 제공해 줄 뿐만 아니라 또한 그것들에 생성과 성장 그리고 영양을 제공해 주네. 그것 자체는 생성되는 것이 아니면서 말일세.

우리가 어떤 대상들을 대낮의 빛 속에서가 아니라 밤의 어둠 속에서 바라볼 때 눈은 마치 그 속에 맑은 시력이 없기라도 한 듯 침침해서 거의 맹인이나 마찬가지가 되지. 그러나 태양이 대상들의 빛깔을 비출 때 눈은 다시 또렷이 보게 되고, 그리하여 눈 속에 맑은 시각이 되살아난 듯이 생각된다네.

감각의 세계와 이데아의 세계

이것을 정신(mind)에 적용해 보세. 정신의 눈이 진리와 실재가 비추는 곳을 응시할 때면 정신은 그 대상들을 대뜸 이해하고 인식하게(it understands and knows them) 돼. 이때는 정신이 지성을 소유하고 있다는 게 분명해 보이지. 그러나 변화하고 썩어 없어지는 세계의 어스름 땅거미(the twilight world of change and decay)를 응시할 때면 정신은 오로지 견해(opinion, doxa)만을 형성하고, 시각은 혼란되며, 견해도 마구 변하여 완전히 지성이 없는 것처럼 보이네 (it seems to lack intelligence).

인식의 대상이 진실임을 보증해 주고(what gives the objects of knowledge their truth), 인식하는 사람에게 인식의 힘을 주는 것(and the knower's mind the power of knowledge)은 다름 아닌 선(善)의 이데아(the form of the good)야. 이런 식으로 선의 이데아는 인식과 진리의 원인이지.

원본과 이미지

두 개의 능력(power)이 있네. 하나는 가지적(可知的) 영역에서 모든 것을 주관하는 것이고, 다른 하나는 가시적(可視的) 영역에서 모든 것을 주관하는 것이네.

마음속에 가시적 세계의 도형을 한 번 그려보세. 그것을 다시 둘로 나누어 한 칸 속에 이미지들을 집어넣게나. 이미지란 우선 그림자들(shadows), 물에 비친 상(像), 그 다음에는 조밀하며 매끄럽고 광택이 나는 것들의 표면에 이루어진 상(像)들(reflections in water and other close-grained, polished surfaces)이네. 나머지 다른 칸에는 이 이미지들의 원본들(the originals of the images), 즉 우리 주변의 모든 동물들과 식물들 그리고 인공적인 물건들을 넣게.

이미지와 원본의 관계(the relation of image to original)는 견해의 세계와 인식의 세계 사이의 관계와 비슷해(same as that of the realm of opinion to that of knowledge).

가지적(可知的) 영역에서는 가시적 세계의 원본들을 이미지로 사용하여, 이것을 가설(assumption)의 근거로 삼고 있네. 그리고 거기서부터 출발하여 제1원칙(first principle)이 아니라 결론(conclusion)으로 향해 나아가네. 또 다른 칸에서는 옆의 칸에서 사용한 이미지를 사용하지도 않고, 곧장 형상들만을 통해 그 탐구를 실행하여 제1원칙으로 옮겨가네.

기하학이나 계산법을 배우는 학생들은 홀수(odd)와 짝수(even), 도형들(figures), 그리고 세 종류의 각(角)에서부터 시작하지. 그들은 이것들을 이미 알고 있는 것으로 간주하고(these they regard as known) 기본 가설(basic assumptions)로 삼고 있어. 누구나 다 알고 있는 것으로 간주하여 이것들을 따로 설명할 필요가 없다고 생각하고, 그것들에서부터 출발하여 그들이 목표로 하는 결론들을 향해 차근차근 단계를 밟고 올라간다네.

그들은 눈에 보이는 도형들을 사용하지만 사실은 그 도형들을 생각하는 게 아니라 이것들이 닮고 있는 그 원본(originals)을 생각하고 있네. 그들이 그려놓은 4각형이나 대각선을 추론하는 게 아니라 4각형 그 자체(the square itself),

대각선 그 자체(diagonal itself)를 추론하고 있다는 말이야.

그들이 모델로 삼고 있는 진짜 도형들(actual figures)은 물의 표면 같은 것에 자신의 그림자(shadow) 혹은 반사(reflection)를 드리우고 있네. 그러니까 수학도들은 자신들이 그린 도형들을 오로지 이미지로만 취급하는 거야. 그들이 탐구하는 실재의 대상들(real objects)은 눈에 보이지 않기 때문이지. 이 실재의 대상들은 오로지 이성의 눈(eye of reason)에만 보이네. 이런 종류의 사물을 나는 가지적(可知的, intelligible)이라고 불렀네.

4개의 선분(線分) four sections of the line

학자는 가설들을 제1원리로 삼아 학문의 주제를 연구할 때 이성(reason)을 사용하지, 감각적인 지각(sense-perception)을 사용하지는 않네. 그리고 지성(intelligence)을 사용하지도 않아. 예를 들어 기하학자나 그 비슷한 학자들의 정신적 습관은 '이성'이지, '지성'이 아니네. 이때 이성이란 견해(opinion)와 지성의 한 가운데 있는 것이네.

우리의 인식의 단계를 4개의 선(線)으로 분할해 보세. 이것은 정신의 네 가지 상태와 그대로 일치하는 것이네. 제일

위 칸에는 지성(intelligence)이 있고, 두 번째 칸에는 이성(reason)이 있으며, 세 번째 칸에는 신념(belief), 그리고 네 번째 칸에는 환영(幻影, illusion)이 있네.

실재	동식물 · 인공물의 이데아	기하학 이데아
이미지	동식물 · 인공물	기하학 도형

실재	동식물 · 인공물
이미지	물에비친 동식물의 그림자

플라톤 『국가』 2권 내러티브 이론

스토리텔링이 중시되고 있는 현대의 트렌드와 부합되는 내용이 흥미롭다. 미메시스와 디에제시스의 근원적인 의미를 알 수 있는 것도 많은 도움이 된다. 내러티브 이론의 기본 구조이고, 텍스트의 층위 분석에도 유용한 틀을 제공하기 때문이다. 슬라보예 지젝의 영화 비평에서 반복해 나오는 단어 '디에제시스'가 이런 의미였구나, 하고 깨닫는 것도 지적 쾌감을 준다.

플라톤은 젊은이들에게 신체 단련에 앞서 가르쳐야 할 것이 서사(시문학)라고 주장한다. 몸의 교육보다는 정신과 성격에 대한 교육이 더 중요하기 때문이라는 것이다. 그렇다면 당연히 어떤 시문학을 가르쳐야 할 것인가의 문제가 대두된다. 신들의 싸움과 전쟁 혹은 끔찍한 살육 행위 같은 것은 피해야 한다고 그는 말한다.

2권이 서사의 내용을 다루고 있다면 3권은 서사의 형식으로 옮아간다. 플라톤은 '직접 화법'(direct speech)과 '간접 화법'(indirect speech)을 구사하는 정도에 따라 시를 분류한다. 직접 화법을 구사하면, 그것은 '모방'(representation)이다. 이때 작가와 내레이터는 자기 정체성을 버리고, 자기를 캐릭터의 위치에 둔 채, 그 캐릭터의 사고(思考)와 감정을 모방하여 마치 자기가 그 인물인 양 생각하고, 느낀다. 그러나 작가가 자기 정체성을 그대로 유지한 채 스토리를 이야기 형식으로 이야기하면, 그건 내러티브다.

플라톤은 젊은 엘리트들이 이처럼 다른 캐릭터, 특히 나쁜 캐릭터를 연기해서는 안 된다고 말한다. 모방은 지도자가 가져야 할 태도에 적합하지 않다는 것이다. 그 당시 학생들은 호메로스를 암송할 때 등장인물의 어조와 몸짓을 그대로 흉내 내었다고 한다.

어린이 교육은 신체 단련보다 서사(敍事) 교육을 먼저 해야

우리는 젊은이들에게 어떤 교육을 해야 할까? 교육에는 몸을 위한 교육인 체육과 정신 및 성격(mind and character)

을 위한 교육이 있네. 정신 및 성격을 위한 교육에는 이야기(stories)가 포함되어 있지. 그러나 이야기에는 두 가지 종류가 있어서 그 중의 하나는 사실적인 이야기(true stories, alethes)이고, 다른 하나는 허구(fiction, pseudos)이네. 우리 교육은 이 두 가지를 다 사용해야 하지만, 시작은 허구적인 것부터 해야 하네.

'무슨 말인지 모르겠습니다.'

어린이들에게 우선 설화(mythos)를 이야기해 주어야 한다는 거네. 설화는 대체적으로 허구이지만 사실적인 것들도 어느 정도 포함되어 있지. 신체를 단련하기 전에 우선 정신을 교육해야 한다는 말이지.

'그렇습니다.'

모든 일이 그렇듯이 시작이 제일 중요해. 무엇이건 어리고 연약한 것(young and tender)에 있어서는 특히 그러하네. 그 때가 제일 틀을 만들기 쉽고(easily moulded), 또 우리가 선택한 인상이 영원히 각인되기(permanent mark) 때문이지.

'틀림없이 그렇습니다.'

그렇다면 아이들로 하여금 아무나 지어낸 엉터리 이야기를 닥치는 대로 듣게 해서는 안 되네. 그렇게 내버려두면 그들이 성장했을 때 반드시 갖고 있어야 하는 것과는 정반대의 생각들이 그들 마음속에서 자라게 될 거야.

'그래서는 안 되겠지요.'

그렇다면 우리는 설화의 생산 단계에서부터 감독을 해야 하네. 우리가 생각하기에 바람직한 것만 고르고 그 나머지는 거부해야 해. 어머니와 보모(保姆)들에게 우리가 고른 설화들만 얘기해 주도록 설득하고, 그것들을 통해 아이들의 정신과 성격을 형성하도록 해야 해. 정신과 성격이야말로 육체보다 훨씬 더 중요한 것 아니겠는가. 오늘날 통용되는 대부분의 설화들은 해로운 것이어서 우리는 받아들일 수 없네.

'어떤 것을 말씀하시는 지요?'

호메로스와 헤시오도스 그리고 그 외 시인들의 설화 말이네.

'거기에 어떤 잘못이 있는데요?'

신들과 영웅들의 성격을 잘 못 묘사(misreprsenting)하고 있어. 마치 화가가 초상화를 그릴 때 모델과 전혀 닮지 않게 그린 것(bear no resemblance to their originals)과 같지.

'좀 더 자세히 이야기해 주세요.'

어린이들에게 나쁜 이야기를 들려주면 안 돼

크로노스(Cronos)의 행적과 그 아들한테서 당한 수난 이
야기는 설령 그게 진실이라 할지라도 철없고 어린 사람들
에게 쉽게 들려줄 이야기는 아니네. 그처럼 경솔하게 들려
주는 것 보다는 차라리 침묵하는 편이 낫지. 혹시 이야기
해야 할 불가피한 사정이 있다면 되도록 극소수의 사람만
(select few)이 비밀리에 듣도록 하되, 그나마도 새끼 돼지
가 아닌 크고 얻기 힘든 제물을 바치고서야 듣게 하도록 해
야만 되네.

'정말 끔찍한 이야기들이지요.'

끔찍한 일을 저지르고, 자기 아버지를 가혹하게 응징하
는 신을 위대한 신으로 이야기해서도 안 되네. 신들 사이
의 전쟁과 음모와 싸움질 이야기도 허용해서는 안 되고. 서
로 싸우는 것은 가장 나쁜 일이라는 것을 미래의 지도자들
에게 알려 주어야 하네. 이들에게 거인족(Giants)의 싸움 이
야기를 해주거나 이 스토리가 수(繡) 놓여진 옷을 입게 해
서도 안 되네.

할머니와 할아버지들은 자기 손자들에게, 어떤 시민도
같은 시민과 함께 싸운 적이 없고, 만일 있다면 이것은 처벌
의 대상이라는 것을 말해 주어야 하고, 시인들도 비슷한 이

야기를 해야 하네. 헤라(Hera) 여신이 자기 아들에 의해 밧줄에 묶였다든가, 헤파이스토스(Hephaeistus)가 두들겨 맞는 어머니를 막아 주려다가 아버지에 의해 하늘나라 밖으로 쫓겨 났다는 이야기, 또는 호메로스가 지은 온갖 '신들의 싸움'은 그것들이 우화적(hyponoia)이건 아니건 간에 결코 우리나라에서 허용되어서는 안 되네. 어린이들은 우화인지 아닌지를 판별할 수도 없으려니와, 그 나이에 형성된 생각들은 좀처럼 씻어 내거나 바꾸기 어렵기 때문이지.

선(善)한 것은 유익한 것

자네와 나는 이야기 짓기(writing stories)에 관심이 있는 게 아니라 국가의 초석을 놓는 일에 관심이 있네. 나라의 창설자들은 시인들(poet, 요즘의 모든 작가)이 어떤 종류의 스토리를 지어내야만 하는지 알아야 해. 그리고 시인들이 이 기준에 어긋나게 이야기를 지을 경우 이를 허용하지 않아야 하네.

'맞습니다. 그러나 그들이 신들을 다룰 경우 지켜야 할 선(線)은 어느 정도인지요?'

그가 서사시(epic)로 짓든, 서정시(lyric)로 짓든, 또 혹은 비극시(tragedy)로 짓든 간에 언제나 신은 그 본연의 모습으로 그려져야 하네.

'그래야 되겠지요.'

실제로 신은 선(善)하니까, 그렇게 묘사되어야 하네.

'물론이죠.'

선한 것이 유해한 적이 있나?

'그렇게 생각하지 않습니다.'

아무런 해도 끼치지 않는 게 악할 수 있는가?

'아닙니다.'

악하지 않은 것이 그 어떤 악의 원인일 수 있는가?

'어떻게 그렇겠습니까?'

그렇다면 선한 것은 유익한 것이겠네?

'네.'

그렇다면 그것은 안락(well-being)의 원인이겠네?

'네.'

그렇다면 선한 것(the good)은 모든 것의 원인이 아니라 오로지 편안함의 원인이고, 결코 나쁜 것들(evil)의 원인은 아닐세.

플라톤 『국가』 3권 내러티브 이론

디에제시스(diegesis)와 미메시스(mimesis)

우리의 젊은이들에게 사악함을 부당하게 참고 견디는 성질을 심어주기 전에 그런 종류의 설화는 만들지 못하도록 해야 하네. 문학의 소재(subject-matter of litterature)에 관해서는 이정도로 해 두세. 그럼 이번에는 이야기 투(style of presentation, lexis)에 대해 고찰해 보세. 이렇게 하면 무엇을(what) 말해야 하는지와 어떻게(how) 말해야 하는지를 우리가 다 고찰하는 셈이 되네.

이야기나 시(story or poems)는 모두 과거 현재 미래의 것을 이야기하고 있네.

'그 밖의 것은 있을 수가 없지요.'

그리고 목적에 따라 단순한 서사(simple narrative, diegesis) 혹은 모방(representation, mimesis) 또 혹은 이 둘의 혼합(mixture of both)을 구사하네.

'무슨 말씀인지 잘 모르겠습니다.'

예를 하나 들어보겠네. 자네는 『일리아드』(Illiad)의 첫 부분을 잘 알고 있겠지? 여기서 크리세스(Chryses)는 아가멤논(Agamemnon)에게 자기 딸을 풀어 달라고 요청하네. 그러나 아가멤논이 화를 내며 이를 거부하자, 크리세스는 희랍인들에게 천벌을 내려 달라고 아폴론에게 기원하지. 이 장면에서 시인은 마치 자신이 크리세스이기라도 한 것처럼 말하고 있어. 마치 말하는 사람이 호메로스가 아니라 그 늙은 제관(祭官)이기라도 한 듯이 말이야. 그는 『오디세이아』(Odyssey)의 이야기 진행도 거의 이런 식으로 했네.

'사실 그렇습니다.'

그러니까 그의 서사 방식은 발언(speeches, rhesis)과, 발언 사이의 것들(passages between speeches) 두 가지로 구성되어 있네.

'그렇습죠.'

그런데 그가 대화를 할 때 그는 각각의 인물에 자신이 최대한 닮아 있는 방식으로 말을 하네. 그것은 말이나 몸짓에 있어서, 자기가 닮고자 하는 그 사람을 '모방'(represent) 하는 것이 아니겠는가?

'그렇습니다.'

그렇다면 호메로스와 다른 시인들이 자기 서사 안에서 쓰는 방법이 다름 아닌 모방의 방법 아닌가?

'무슨 말씀인지 알겠습니다.'

모방 없는 내러티브, 내러티브 없는 모방

만일 시인이 자신의 정체성(personality)을 숨기는 일을 하지 않았다면 그의 시적 서사는 완전히 모방 없이 이루어졌을 걸세. 즉 거기에는 모방 없는 내러티브(no representation but only narrative)만 있을 거야.

그럼 이번에는, 어떤 사람이 발언과 발언 사이에 있는 이 시인의 말(poet's words between the speeches)을 제거해 버리고, 대화들(dialogue)만 남겨 놓을 경우, 이번에는 앞의 것과는 정반대의 사태가 일어나네.

'이제 이해가 갑니다. 비극이 바로 이런 식이지요.'

내 뜻을 정확히 간파했네. 시(詩)나 허구(fiction, mythologia)는 세 가지로 분류될 수 있다네. 첫 째, 모방만 사용하는 것, 그것이 비극(tragedia) 혹은 희극(komedia)이네. 둘째, 시인이 자기 퍼스낼리티를 그대로 유지하면서 말하는 것, 이게 서정시(lyric poetry)네. 그리고 세 번 째, 이 두 가지 방식을 다 사용하는 것, 이것이 서사시(epic)와 그 외 여러 종류의 시이네.

'무슨 말씀인지 알겠습니다.'

이제 우리는 시인들로 하여금 모방함으로써만 우리한테 이야기를 해 주도록 할 것인지, 아니면 일부는 모방하되 일부는 모방하지 않는 방식으로 우리에게 이야기를 하게 할 것인지를 결정해야 하네.

'아마도 선생님은 우리나라에 비극과 희극을 받아들일 것인지, 아니면 받아들이지 말 것 인지를 생각하고 계시는군요.'

미래에 우리나라를 지킬 젊은이들이 모방에 능한 사람들이 되어야 하는지 아니면 그렇게 되어서는 안 되는 지를 생각해 보게. 개인은 저마다 한 가지 일을 훌륭하게 할 수 있을 뿐 많은 일을 다 잘 할 수는 없네. 그런데도 이를 시도한다면 그는 많은 것을 붙잡으려다가 모든 것을 놓치지 않겠는가? 모방의 경우에도 이치가 똑같아서 동일한 사람이 여러 가지 것을 모방할 때에는 한 가지 것을 모방할 때처럼 훌

룽하게 할 수는 없을 것 같으네.

'더 할 수 없이 진실입니다.'

미래의 지도자는 모든 육체노동에서 면제되어야 한다고 우리는 말했네. 장차 자유의 공급자가 될 사람들이니 말이야. 그들은 이런 성스러운 임무에 적합하지 않은 일에는 일절 종사해서는 안 되네. 그러니까 그 어떤 모방의 행동도 해서는 안 되지. 혹시 연극에서 어떤 역할을 맡아 모방을 할 경우에도 오로지 그들에게 적합한 인물, 다시 말해 용감하고, 절제 있고, 경건한 자유스러운 영혼만 모방해야 한다네. 천박하거나 부끄러운 것을 모방해서는 절대로 안 돼.

플라톤 예술노트

초판 1쇄 발행 2013년 3월 20일
초판 2쇄 인쇄 2016년 2월 25일

편　저 · 박정자
펴낸이 · 안병훈

펴낸곳 · 인문서재
등　록 · 2004. 12. 27 제 300-2004-204호
주　소 · 서울특별시 종로구 대학로8가길 56(동숭동 1-49) 동숭빌딩 301호
전　화 · 763-8996(편집부) 3288-0077(영업마케팅부)
팩　스 · 763-8936
이메일 · info@guiparang.com
홈페이지 · www.guiparang.com

ISBN 978-89-6523-915-4 03300